福島原発事故とこころの健康

実証経済学で探る減災・復興の鍵

Fukushima Nuclear Disaster and Mental Health

岩﨑敬子 = 著

Keiko Iwasaki

日本評論社

・●● 目　次 ●●・

原発事故とこころの健康の関係を探る
実証ミクロ経済学の視点

1 双葉町調査のはじまり

1.1　「人間の安全保障」プログラム

　2012 年、筆者は修士 1 年として東京大学大学院総合文化研究科「人間の安全保障」プログラムに在籍していた。「人間の安全保障」は、「人間一人ひとりに着目し、生存・生活・尊厳に対する広範かつ深刻な脅威から人々を守り、それぞれの持つ豊かな可能性を実現するために、保護と能力強化を通じて持続可能な個人の自立と社会づくりを促す考え方」[1]とされている。グローバル化で相互依存が深まる世界において、貧困、環境破壊、自然災害、感染症、テロ、経済・金融危機といった国境を越えた課題に対処していくためには、従来の国家を中心に据えたアプローチだけでは不十分になってきており、「人間」に焦点を当て、さまざまな主体や分野間の関係性をより横断的・包括的に捉える必要性があるという背景から生まれた考え方である。「人間の安全保障」プログラムでは、こうした人間の安全保障についての理論的な理解を深めると同時に、社会のさまざまな課題に実際に現場で触れる機会が提供されており、理論と現場を総合的に学ぶ場所を提供してくれることが特徴である。

　「人間の安全保障」は脆弱な立場にある人々にセーフティーネットを提供する視点を持っていることから、これまで多くの場合、開発途上国の貧困等の課題を扱う際に用いられるイメージが強かった。しかし、2011 年 3 月 11 日に発生した東日本大震災をきっかけとして、日本という先進国においても「人間の安全保障」に関わる課題の重要性が認識されるようになっていた。そうした流れのなかで、2012 年当時、「人間の安全保障」プログラムでは、東日本大震災に関するさまざまなセミナーやシンポジウムが開催されていた。また、授業の一環として「福島まなび旅」という、1 泊 2 日で福島県を訪問する機会が提供されていた[2]。こうしたセミナーやシンポジウム、現地訪問を通して、さまざまな学者や専門家の話を聞き、現地の状態をみて、福島に住む方々に出会い、

---

1) 外務省ホームページ「人間の安全保障　分野をめぐる国際潮流」(https://www.mofa. go.jp/mofaj/gaiko/oda/bunya/security/index.html)。

2) 関谷（2013）。

お話をうかがい、震災について考える機会をいただいたことが、筆者が福島第一原子力発電所事故が人々に及ぼした影響について研究を始めるきっかけとなった。

1.2　福島訪問

　「福島まなび旅」の1日目では、福島県飯舘村から避難されてきたご夫妻や市民団体の方からお話をうかがい、福島市飯野町の五大院縁日に参加した。飯館村から避難されてきたご夫妻は、経営されているお店の拡大という希望と、貧しくとも豊かな暮らしの場と日常、ふるさと・親族の帰る場所の3つを挙げ、過去・現在・未来すべてを震災によって失ったと述べた。また、日本の政治に対する落胆や怒りと、限られた情報のなかでの決断の苦しさについても述べられた。飯舘村は放射線量が高いにもかかわらず震災後すぐには避難命令が出なかったこともあり、1カ月以上にわたり村に滞在し続けた人々がいたことに対して政府への怒りが募っているという。しかし、福島県民の特性でもある内に込める性格から、どこに発信してよいのかわからないのが現状だと話しておられた。

　さらに当時は、震災後は避難命令が出されていないのに、避難する決断をすることで、近所の人から逃げていると思われることにつながるのではないかという不安に苦しみ、限られた情報のなかでNHKの解説員が言うことを守ることしかできない状態であったことを語られた。また、情報がコントロールされているのではないかという疑心があったという。たとえば、役場の前だけ除染を行い、その場所の数値を発表したことによって数値が急に下がったり、いつも線量の発表が遅かったり、低線量被爆リスクについての説明がはっきりしなかったり、確実性も見通しもない除染を行っていたりと、どれも自分の現在と将来を決めるために必要不可欠な情報への疑心であった。限られた情報のなか、また、地域の文化や隣人関係を大切にする思いがあるなかで、曖昧な情報をもとに決断をしなければならないという状態はどんなに不安の大きなものであろうか。放射線の影響自体が不透明ななか、現地の方々はそのときの決断が将来にわたって本当によいものであったのか苦しむことも考えられるのだ。

　飯舘村から避難されたご夫妻のお話をうかがった後に連れていっていただいたのは、飯野町五大院縁日だった。現在は使われていない飯野町のお寺に月に

1回集まって町おこしの縁日を行っているということだった。そこではお堂の
なかで、たくさんお野菜の入った団子汁、塩とごまだけがついた真っ白なおに
ぎり、その日の朝採れたなすでつくられたお漬物等々、たくさんのおいしいお
昼ごはんをいただいた。特にお米の味に驚いたのを今でも覚えている。何も具
が入っていないのに、こんなにおいしいおにぎりは初めて食べたと参加者の
人々と感動しながらいただいた。誰も放射能のことは聞かなかったけれど、配
膳してくれたおばあさんがにこにこ笑いながら、全部放射能は大丈夫なやつだ
からねと言っていた。おばあさん、おじいさん方の地域を愛する気持ちとエネ
ルギーを感じる経験だった。

　その日の夜は参加者みんなで花火に行く予定であったが、その前に震災後、
各地で放射線の測定をされてきた市民団体の方のお話をうかがうことになった。
彼のお話も非常に衝撃的で、結局お話の後に、花火に行った参加者はいなかっ
た。彼は、放射能測定の現場の話をしてくださった。たとえばモニタリングポ
ストの周りは除染がしてあるから線量が低いのは当たり前だったり、除染作業
で水で流して取り除くような活動をして線量が下がったと思っても、それは水
の遮蔽効果で一時的に下がったようにみえるだけであるということ、コンクリ
ートは放射能をたくさん含むこと、海の汚染はハワイに到達するほど大きく広
がっているので魚、特に深海魚には気をつけなければいけないということを述
べられた。彼は、自分は学者ではないから経験から述べている、ということも
言われていたが、その経験から植物や土などは多く放射線を含み、地面に直接
座る行為も放射能をたくさん受けることになるということも述べられた。この
ことで気づかされたのは、私たちは生活のなかでなんとなく、自分に都合のよ
い情報を選んで大丈夫だろうと思おうとしているのではないか、ということだ
った。

　まなび旅の2日目は、福島市から川俣町、飯舘村を越え、南相馬市にて相馬
野馬追の鑑賞にうかがった。途中通った飯舘村では線量計が「ピッピッピピピ
ピピピ」と鳴り、線量が上がっていくのがみえた。線量計は毎時7マイクロシ
ーベルト程度になっていた。精神的なものか、なんとなく気持ち悪い気がして
くる。なんとなく皮膚が痛い気がしてくる。大丈夫だと思ったからこの旅に参
加したのだけれど、なんとなく不安な気持ちが沸いてきた。放射線は、本当に
みえないし、においもない。言葉ではわかっていたけれど、この不安な気持ち

2日目、相馬野馬追鑑賞

(出所)「福島まなび旅」での訪問時に筆者
の友人が撮影（以下の写真も同）。

は事前には想像できなかった。

　土ぼこりによる内部被爆の心配とスケジュールの関係もあり、相馬野馬追の
ハイライトである合戦の鑑賞はできなかったが、馬が行列を成して会場に向か
う様子を約1時間鑑賞した。たくさんの子ども連れの家族が来ていた。前日に
市民団体の方に放射能の話を聞いていた私たちはコンクリートの上に座ること
はなかったが、子どもたちはたくさん座っていた。何をすることもできなかっ
たけれど不安な気持ちになった。何百頭という馬が歩く姿は圧巻であった。馬
は手を伸ばせば届く距離をどんどん通っていき、途中で声の掛け合いもあり迫
力があった。すべてではなかったけれど、まるで時代劇のような伝統行事を鑑
賞できたことはよい経験だった。しかし、このような伝統行事、そしてそれを
楽しむ人々が放射能の不安にさらされているというのは悲しいことだという思
いも募った。

　その後、「まなび旅」の最後のプログラムである海岸線沿いの見学へ連れて
いっていただいた。途中地震で崩れた家がそのままになっている様子も何軒か
みた。無人の町だった。そして車のなかからみる景色が突然、一面湿地に変わ
ったのだが、それが津波の影響であるということに気づくのにしばらく時間が

津波の影響で一面湿地帯に

　かかった。ところどころに瓦礫も残っていた。瓦礫のなかにはバラバラになった人の身体がたくさん入っていたという話もうかがった。1階だけ無い家も何軒もあった。テレビではみたことがあったけれど、実際に目の当たりにしたすさまじい津波の威力と、そこに町があったという事実が重なり、参加者は言葉が出ない状態が続いていた。

　福島県訪問は、それまで大学のセミナーなどで東日本大震災について考えてきたことが筆者自身の研究課題として、原発事故による問題を風化させることなく向き合っていきたいと思うようになるきっかけとなった。

1.3　避難者へのインタビュー

　大学でのセミナーやシンポジウムへの参加、および福島の訪問で原発事故が人々に与えた影響に興味を持つようになった筆者は、これらの課題についてさらに理解を深めて、自分にできることを探すため、さらに福島の課題に取り組む授業を受講した。その一環として、筆者は茨城県つくば市に住む福島県双葉町からの避難者の方々への22件のインタビューに、インタビューワー兼記録係として参加させていただく機会をいただいた[3]。このインタビューは、双葉町の方々の震災直後からインタビュー時に至るまでの2年弱の間の経験や思いを自由に語っていただくものだった。インタビューはもともと各1時間程度の予定であったが、双葉町の方々はたくさんの思いを語ってくださり、結果的に

3）Hara et al.（2013）、関谷・高倉（2019）。

は平均 2.5 時間程度になった。

　インタビューによると、2011 年 3 月 11 日の発生当日、双葉町では停電によりテレビや電話がつながらなくなっており、多くの人が地震発生の翌日 3 月 12 日の朝に、近所の人からの口伝い、消防団もしくは防災無線によって避難指示を知ったそうだ。そしてほとんどの方がとにかく町の避難指示に従おうと家を出た。多くの方々が 2、3 日の避難のつもりだったと語られた。避難用のバスもあったようだが多くの方々が自家用車によって家を出て、大渋滞のなか、町から示された避難所に向かったという。このときに町から示された避難所に向かわずに、ホテルに滞在した人や親戚を頼った人もいた。町から示された避難所に向かわなかった（向かえなかった）理由としては、避難所にたどりつくまでのガソリンが足りなかったことや、避難所が寒かったり、人があふれていたり、臭かったり、食料が十分になかったりと生活に困難な環境であったこと、そもそもどこの避難所に行ったらいいか情報が得られなかったこと、そして、原発事故が深刻であることを予測してより遠くに避難する判断をしたことなどが挙げられた。

　震災から 1 週間程度が経過してからの人々の生活はより多様なものになっていったようだった。避難所での生活が困難なことから、ホテルや親戚の家に移った方もいれば、親戚を頼った生活は長く続けられないという思いがあったことや、他の双葉町の人と同じ場所で過ごしたいという思いから、ホテルや親戚の家から避難所に移ったという方もいた。避難所間でも生活環境がよりよいところに移動したという方もいた。環境のよい避難所は人気があるので、誰かがいなくなってスペースができたといった情報を環境のよい避難所の友人等から得る必要があるという困難さに加え、環境のよいところに移動しようとすること自体を、現在の環境の悪い避難所にいる周りの人に知られないようにひっそりと行動する必要があるなど、人とのつながりが重要である反面、そのつながりがハードルにもなるということも語られた。

　また、避難所での生活については、お風呂には 4 日に 1 度程度しか入れなかったこと、廊下での雑魚寝や場所がなければトイレの前で寝る必要があったこと、食料配分などでの言い争いをみることもあったことなど、辛い状況についてもたくさんうかがった。一方で、そうした状況のなかでもみんながより快適に暮らせるように協力して看護チームを結成したり、配膳のルールをつくって

いったりという取り組みについて生き生きと語られる方もいらした。まさに、レベッカ・ソルニットが言うところの「災害ユートピア」の現象と言える[4]。その方は公営住宅に移動して生活に困らない環境になったことで気が抜けて病気がちになったとも語られた。

　そして、震災から2年近くが経ったインタビュー当時の避難生活について、お話をうかがったほとんどの方々が語られたのは、人とのつながりへの思いであった。震災前のご近所とお茶をして集まる日常を懐かしく思う気持ちや、避難を通して双葉町の人々同士のつながりがほとんどなくなってしまったこと、現在の避難先地域でも周りの人とのつながりがほとんどないことへの寂しさを多くの方々が語られた。

　このインタビューを通して印象に残ったのは、人とのつながりが避難経緯や避難後の生活やこころの状態に与える影響の大きさであった。避難先を決定するにあたって情報を得たのは、多くの場合近所の人や友人とのつながりを通じてだった。避難先での生活を苦しくする原因にも人とのつながりがあり、避難先での生活を充実したものにする原因にも人とのつながりがあったからだ。

1.4　経済学的アプローチで福島の課題に取り組む

　インタビューを通して、人とのつながりが避難生活や避難者のこころの状態に与える影響の重要性を感じた筆者は、人とのつながりと災害やこころの状態との関係について、これまでどのような研究がされてきているのか調査した。そして、人とのつながりは学術的に「ソーシャル・キャピタル」と呼ばれ、近年減災や復興への役割が注目されていることを知った。さらに、ソーシャル・キャピタルの役割に注目した研究は、公衆衛生学や人類学、社会学の分野で研究蓄積がされてきているものの、当時筆者が学んでいた経済学の手法を使った厳密な検証はほとんどされてきていなかったことも知った。

　これまで経済学の手法を使った検証が少なかった理由としては、ソーシャル・キャピタルは多面的で定量的に捉えることが難しかったり、定義がはっきりしなかったりという課題があり、批判的な意見が多かったことが挙げられる[5]。しかし、第2章で説明するように、ソーシャル・キャピタルを定量的に

---

4) Solnit（2009）.

捉える試みやその信頼性を確かめる試みは蓄積されてきていた。また、ソーシャル・キャピタルの災害下での役割の有用性について相関関係の把握や定性調査を中心とした研究の蓄積がされてきており、そのなかでより因果関係に迫る研究が必要とされている状況であった。そこで、この課題に実証ミクロ経済学のアプローチで取り組むことで、災害下におけるソーシャル・キャピタルの役割を厳密に検証することは、ソーシャル・キャピタルが今後より具体的な政策に活かされていくためにも重要だと考えた。また、行動経済学の分析枠組みは、人々の行動のモデルを活用するという点で、その後の分析で浮上する「損失回避」や「現在バイアス」という概念を取り入れた視点での分析にも活かされている。さらに、「こころの問題」に取り組むための社会心理的な指標の構築などについては公衆衛生学の既存研究に多くを依拠しており、行動経済学や公衆衛生学の概念や分析手法を複合しつつ、実証ミクロ経済学の枠組みでそれらを統合するという学際的な研究方法をとることにした。

　また、インタビューは、研究手法として個々人の経験を深くうかがうことができるという強みがあるが、より多くの双葉町の方々の状況を把握するための定量的な調査はほとんど行われてきておらず、インタビューに加えて、そうした大規模調査による状況の把握の必要性を感じていた。特に原発事故は今後決して起きてはならないことであるが、その経験の記録が将来の減災に活かされる可能性は大きい。そこで、筆者は共同研究者とソーシャル・キャピタルの役割に注目した福島県双葉町の調査の実施を計画した[6]。筆者は開発経済学のゼミに所属しており、幸いにも経済学の手法でこうした課題に取り組むためのノウハウを得る機会に恵まれていたことも、調査計画を立てるうえで大きな後押しとなった。こうして、人々の声をデータで確認して発信し、現在も課題が残る被災者支援の政策に活かすことと、この経験をデータとして蓄積することで、将来起こりうる災害下でのこころの健康悪化を防ぐための政策につなげることを目的として調査計画が始まったのである。

　5）国際協力事業団国際協力総合研修所（2002）。
　6）この調査は、東京大学「災害からの生活基盤復興に関する国際比較」プロジェクト（東京大学大学院経済学研究科教授　澤田康幸、ニッセイ基礎研究所研究員　岩崎敬子）として行っている。

1.5　調査開始

　2013 年の 4 月当時、双葉町役場は埼玉県の加須市にある旧騎西高校のなか
にあった。旧騎西高校は、双葉町の避難所として多くの避難者が生活していた。
筆者は双葉町の方々を対象とした調査の実施について相談するために、この旧
騎西高校内の一部の教室に設置されていた双葉町役場を訪ねた。そしてその後、
町として調査に協力してくださることが決まった。それから初めてのアンケー
ト調査を配布したのは、2013 年の 7 月であった。その後も町民の皆さま、町
役場の皆さまのご協力、および科学研究費助成事業、日本経済研究センター、
ニッセイ基礎研究所による研究資金協力をいただき、さまざまな方々に支えら
れながら、約 1 年半ごとに調査を継続してきている。2020 年 12 月現在では、
第 6 回目の調査を実施中である。

2　双葉町について

　前節で述べたような経緯で始まった双葉町調査であるが、双葉町はどこにあ
るどのような町で、どのような震災被害を受けたのか。本節では一般に公開さ
れている資料等からわかる、双葉町の震災前の様子と、被害状況や避難経緯を
紹介する[7]。

2.1　双葉町

　双葉町は、福島県の東海岸沿いに位置する町で、2010 年の国勢調査による
と人口は 6932 人であった。東側に太平洋を望み、双葉町にある双葉海水浴場
は環境省の認定する「快水浴場百選」にも選ばれている。また、町の西側には
緑豊かな阿武隈山系があり、海と山に抱かれた豊かな自然のある町であった。
また、東北地方にあるにもかかわらず比較的温暖な気候で冬は積雪も少なく、
住みやすい気候である。1967 年に東京電力株式会社福島第一原子力発電所が

---

7) 本節は福島県双葉町「双葉町 東日本大震災記録誌」および、筑波大学「福島県双葉町
　の東日本大震災アーカイブス　大震災の経緯」(http://www.slis.tsukuba.ac.jp/futaba-
　archives/walk/)、双葉町復興ポータルサイト「避難指示と区域再編について」(https://
　www.futaba-fukkou.jp/archives/1645) をもとに執筆したものである。

建設される以前は稲作を主体とした農業中心の町であったが、その建設によって産業構造が変化したという。2010 年の国勢調査をもとに就業者の産業構造別の割合を確認すると、最も就業している人の多い産業は建設業で約 19%、次に多いのが医療福祉で約 12%、3 番目に多いのが卸売業・小売業で約 11%、4 番目が電気・ガス・熱供給・水道業で約 10%、5 番目が製造業で約 9%、農業は約 8% であった。そして、「原子力明るい未来のエネルギー」と書かれた看板が町に掲げられていたことからもわかるように、双葉町は原子力発電所が暮らしのなかに当たり前にある町だった[8]。

2.2　地震と津波被害

　2011 年 3 月 11 日の午後 2 時 46 分に東日本大震災が起こった。双葉町は震度 6 強の揺れに襲われた。その後、町は気象庁と県防災対策課から大津波警報を受信し、防災無線が流された。津波は午後 3 時 30 分ごろに双葉町を襲い、町全域の約 6% にわたる約 3 km² が浸水した。この津波によって、あわせて 82 世帯が津波浸水被害に遭い、死者は 20 人、行方不明者は 1 人となった。そして、3 月 11 日の夜、地震と津波の被災者を受け入れる避難所には、町民約 2500 人が避難した。

2.3　原発事故による避難

　そして、地震と津波という大災害に襲われるなか、津波によって電源を喪失した福島第一原発の事態も悪化していった。3 月 11 日午後 7 時 3 分、政府は原子力災害対策特別措置法に基づいて「原子力緊急事態宣言」を発令した。その後、午後 8 時 50 分ごろ、福島県は福島第一原発から半径 2 km 圏内（双葉町内の一部）に避難指示を発令する。さらに、午後 9 時 23 分、政府は福島第一原発から半径 3 km 圏内の避難（双葉町内の一部）および 3〜10 km 圏内（3 km 圏内を除く双葉町のほぼ全域）の屋内退避を指示した。そして政府は 3 月 12 日の午前 5 時 44 分に、双葉町民の全員が対象となる福島第一原発から半径 10

----

8)　「『原子力明るい未来の…』笑われても、伝え残したい教訓」朝日新聞デジタル 2019 年 3 月 11 日付（https://www.asahi.com/articles/ASM364351M36UGTB007.html　2020 年 10 月 14 日アクセス）。

km 圏内の住民に避難指示を出した。これまで双葉町で行われてきた避難訓練は 3 km 圏内のシナリオしかなく、10 km 圏内の避難は国や県、町にとっても想定外だったという。ただ、それでも双葉町の方々は、1 週間くらいすれば町に戻ってこられるだろうと思っていたという。避難指示はその後 10 年近くが経過した 2020 年 12 月現在もまだ双葉町のほとんどの地域で解除されていない。

その後、3 月 12 日の午前 7 時 40 分ごろに、町は防災無線によって避難指示対応への呼びかけを行い、午前 8 時には避難場所が川俣町であり、国が手配した避難用のバスのみでなく、自家用車でも避難するように呼び掛けた。川俣町は福島第一原発から約 50 km 離れた町であった。そして、3 月 12 日の午後 3 時 36 分、福島第一原発の 1 号機の原子炉建屋が水素爆発した。役場の人はその後放射線量が急激に高くなったことを確認したという。町が指定した避難先である川俣町でも避難所には約 4000 人の町民が向かったことから、施設利用の人員を超えた施設もあり、いくつかの施設を回ってようやく入ることができた町民が多くいたようだ。3 月 13 日と 3 月 14 日には、甲状腺被ばくを軽減するために 39 歳以下の町民にヨウ素剤が投与された。ほとんどの町民が着のみ着のままでの避難であったため、顔も洗えず歯も磨けず、風呂にも入れない状況が続いていた。

川俣町の避難所で約 1 週間生活した後、当時の双葉町長は、3 月 19 日に埼玉県の「さいたまスーパーアリーナ」に再避難することを決めた。川俣町の各避難所から手配された 40 台のバスに乗って「さいたまスーパーアリーナ」に向かった町民は約 1200 人だった。避難所でも町民の生活は厳しく、廊下にダンボールを敷いて寝食をしていた。そして、3 月 30 日、31 日には町民は再々移転先である旧騎西高校へと移動した。旧騎西高校では、最大で 4 月上旬に 1400 名を超える町民が生活をした。教室に畳が敷かれるなどして中長期の滞在への工夫がなされたが、普通教室に 20 人が居住するという生活でプライベートはまったくなく、トイレは仮設であり、浴室は 6 月に仮設のものが設置されるまではなく、設置後も 1000 人の避難者がいるため、自由には入れなかった。旧騎西高校の入所者全員が退所したのはその後 2 年以上が経過した 2013 年 12 月であった。旧騎西高校に移転していた町役場は 2013 年の 6 月にいわき市に再移転し、現在に至る。

また、町長は「さいたまスーパーアリーナ」ではなく、福島県内の各地の避

難所で避難生活を続ける町民をできるだけ集約する方針のもと、「ホテルリステル猪苗代」というホテルへの移動準備を行った。そして2011年4月4日に県内の避難所で生活していた約210人がリステル猪苗代に移動した。リステル猪苗代の入居者はどんどん増えていき、5月には800人を超えたという。その後、2011年9月から仮設住宅への入居が始まり、リステル猪苗代の避難所は2011年9月30日に閉鎖された。

　福島県の仮設住宅は2022年3月末まで供与が延長されることが決まっている。双葉町民が優先的に入居できる復興公営住宅勿来酒井団地（福島県いわき市）は2018年に完成し、多くの人が仮設住宅を出ているものと考えられるが、震災から10年近く経った今も仮設住宅で生活している人もいるということである。町は2022年春を双葉町への帰還開始目標として町のインフラ整備を行っている。双葉町の復興は、震災から10年経とうとする今も道半ばなのである。

3 「こころの減災」のための3つの鍵

　双葉町の復興は道半ばであり、筆者らの調査も継続して行われているが、これまでの調査の分析結果から、災害によるこころの健康悪化を防ぐ、つまり「こころの減災」のための3つの鍵が浮かび上がってきた。その鍵とは、本書で注目する「ソーシャル・キャピタル」「損失回避」「現在バイアス」の3つである。それぞれの分析結果については、第2章以降で説明するが、ここでは、その3つに注目したきっかけを簡単に説明する。

3.1　ソーシャル・キャピタル

　このアンケート調査の分析にあたってまず注目したのは、ソーシャル・キャピタルの役割である。これは、先述したインタビューの経験から、人と人のつながりが避難経緯や現在の生活、こころの状態に及ぼす影響に関する話をうかがっていたことから、調査を開始する際にまず注目していた概念である。

　第2章で紹介する筆者らの分析では、実際に双葉町民同士のつながりを保つことはこころの健康を良好に保つ助けになる可能性があることが示された。

3.2　損失回避

　次に注目したのは損失回避である。調査を進めていくなかで、双葉町長との
ミーティングで、「双葉では大きな家だったのに、今は小さな家に住んでいる
ということがストレスだ」という町民の声を知ったことが、注目したきっかけ
である。町民にとって、震災後の生活を震災前との比較で捉えている可能性が
あることをデータを用いて検証することは、賠償政策にも重要な知見を生み出
す可能性がある。また、実際に損失回避のモデルを災害という状況で検証した
研究はこれまでなかった。

　第3章で紹介する筆者らの分析では、収入の喪失および、健康の喪失とこころ
ろの健康の間に、損失回避の関係がみられることが確認された。

3.3　現在バイアス

　最後に注目した現在バイアスは、社会経済的状況によって人々の選好も変わ
るかもしれないという経済学の分野の学術研究と、現在バイアスが健康と関係
しているという公衆衛生学の分野の学術研究の流れからヒントを得た分析であ
る。これらの先行研究から、双葉町の深刻なこころの健康の状況は、現在バイ
アスの変化によって説明される可能性があり、もしそうであれば、こころの健
康悪化を防ぐために現在バイアスの変化を考慮に入れた政策が有効である可能
性がみえてくるからだ。

　第4章で紹介する筆者らの分析では、震災被害は震災前の現在バイアスの程
度を増大させ、そのことがこころの健康悪化につながっている可能性があるこ
とが確認された。

4　本書の構成

　最後に、本書の構成について簡単に述べておこう。

　まず第1章では、筆者らが行ってきた双葉町のアンケート調査（第1〜5回）
の概要と記述統計からわかる震災の双葉町民への影響を概観する。

　第2章から第4章では、「こころの減災」のための3つの鍵に着目し、双葉
町調査のデータを用いて、それらとこころの健康の因果関係に迫る実証分析を

紹介する。その際、それぞれで重要となる概念についても丁寧に解説する。

　第2章では、ソーシャル・キャピタルとこころの健康の関係についての分析結果を紹介する。第3章では、損失回避に注目して、双葉町民のこころの健康の決定要因を同居家族の変化、住居面積の変化、健康状態の変化、収入の変化の4つの側面から検証した分析結果を紹介する。そして第4章では、災害がこころの健康を悪化させるメカニズムとして現在バイアスの変化の可能性を検証した分析結果を紹介する。

　なお、実証分析の結果を紹介する第2章から第4章では、本文で分析の考え方と結果を直観的に解説し、分析手法やモデル、および推定結果の詳細は各章末の補論にまとめている。読者の関心にあわせて参照してほしい。

　最後に、エピローグでは双葉町調査の実証分析で明らかになったことをまとめ、「こころの減災」に向けてできることを整理し、今後の政策に関する示唆を提示する。

参考文献

国際協力事業団国際協力総合研修所（2002）『ソーシャルキャピタルと国際協力——持続する成果を目指して（総論編）』。

関谷雄一（2013）「福島県へのいざない——学び旅からの教訓」総合観光学会編『復興ツーリズム——観光学からのメッセージ』同文舘出版：68-75。

関谷雄一・高倉浩樹編（2019）『震災復興の公共人類学——福島原発事故被災者と津波被災者との協働』東京大学出版会。

Hara, Y., Iwasaki, K., Sekiya, Y., Takenaka, N. and Yokota, M.（2013）*To Support the Recovery and Development of Fukushima after the Disaster of Great East Japan Earthquake, March 11th, 2011,*（The Human Security Program Team at the University of Tokyo）, A Poster Presentation at the 2013 Annual Meeting of Society for Applied Anthropology, Denver Colorado USA.

Solnit, R.（2009）*A Paradise Built in Hell: The Extraordinary Communities That Arise in Disaster,* Viking Adult.（高月園子訳『災害ユートピア——なぜそのとき特別な共同体が立ち上がるのか』亜紀書房、2010年）

原発事故の影響とその後の変化
福島県双葉町調査から

はじめに

　プロローグでも述べたように、筆者らは福島第一原子力発電所事故が人々にもたらした被害を多面的・長期的に捉え、それが人々に与えた影響のメカニズムを明らかにすることで、分析結果を被災地域の復興政策に役立てるとともに、将来の災害対策に向けた研究蓄積とするため、東日本大震災による原発事故で全町民が避難を余儀なくされた福島県双葉町の全世帯主の皆さまを対象に「東日本大震災による被害・生活環境・復興に関するアンケート」調査を、2013年から過去5回にわたり行ってきた（過去実施：2013年7月、2014年12月、2016年7月、2017年12月、2019年7月）[1]。

　本調査には年齢や性別、職業、住居といった世帯の属性に加え、震災後の周りの人々とのつながりや信頼感などの社会関係に関わる項目が含まれている。また、回顧的にではあるが、震災前の状況を尋ねる質問も多く盛り込まれているため、双葉町の人々の生活が震災によってどのように変化してきたのかを長期的な視点で捉えることができる[2]。

　本章では、まず調査の概要を説明したうえで、双葉町の人々が震災前から第5回調査が行われた2019年までの間に直面した自身のさまざまな変化について、社会経済的な状況の変化、健康状態の変化、気持ちの変化の3つに分けて概観する。

　調査の結果を要約してお伝えすれば、双葉町では震災によって多くの人々が複数回の転居を経験した後、5年後には、そのうちの多くの人々が双葉町以外の福島県内に新しい住居を購入して生活されており、将来双葉町へ戻りたい（もしくはまだ決められない）と考えている方の割合は3割程度である。この事実からは、双葉町の人々が新しい土地で生活再建をしようとする姿勢が示唆される。しかし、震災前のような収入や就職状況には戻っていないことも明らかとなった。また、こころの健康状態（メンタルヘルス）は、他の被災地での調

---

1) 本書を執筆している2020年12月時点で第6回目の調査を実施中であるが、本書では第5回までの調査をもとにして議論する。

2) 各回の調査概要とこれまでの調査に含まれる質問項目の詳細については、本章の各節で紹介する。また、各回の調査結果の概要と、それぞれの調査のすべての質問項目は、岩崎（2020a〜2020e）の通り、ニッセイ基礎研究所のホームページで公開されている。

査と比較してもより深刻な状態であることが示唆された。これは原発事故を含む、複合的な被害が現在も続いていることを示唆する。2019年の調査時点で震災から8年以上が経ち、こころの健康は少しずつ改善傾向がみられているが、回復にはより長い時間がかかるだろう。

1 調査の概要

　本節では過去5回行われてきた調査の概要を説明する[3]。アンケート調査の対象は5回の調査のいずれも、福島県双葉町の全世帯主である。世帯主を対象にすることで性別や年齢に偏りが生まれるため、本来は全町民を対象にすることが理想であるが、実施上の制約から全世帯主を対象とした。アンケート調査用紙は、双葉町役場の協力によって、毎月全国に避難する双葉町民に届けられている『広報ふたば』に同封いただき、『広報ふたば』を受領するすべての世帯[4]に届けられ、同封の返信用封筒によって回収された。

　2回目以降の調査では『広報ふたば』への同封に加えて、その調査以前の調査で住所と名前を任意で記入していただいた方に対して調査票を直接郵送で自宅に送付した。このように継続調査とすることで、パネルデータの構築も可能にした設計になっている。また、4回目以降の調査では、直接郵送する調査票からそれ以前の調査ですでにうかがった項目（震災前の状況等）をできる限り省いた設計としている。調査票配布日、配布数、回答者数、回答率等の概要は表1.1の通りである。回答者数を双葉町の世帯数で割った実質回答率でみると、第3回調査が21%で最も少なく、第4回調査が34%で最も高くなっている。調査項目は第3回が最も多くなっているので、回答負荷が影響したと考えられる。

　また、回答者の性別の分布は図1.1、年齢の分布は図1.2の通りである。国勢調査の結果は双葉町全体でみると男女比率はほぼ同じであるが、世帯主でみると約8割が男性となっている。本調査は世帯主を対象とした調査のため、世

---

　3) すべてのアンケート調査は、東京大学倫理委員会の承認のもと実施された。
　4)『広報ふたば』は双葉町民の全世帯のほか、別途配布を希望する住所にも届けられている。

表 1.1　調査概要

	第1回	第2回	第3回	第4回	第5回
調査票配布日	2013年 7月3日	2014年 12月1日	2016年 7月1日	2017年 12月1日	2019年 7月1日
配布数	2,900	2,900	2,900	3,000	2,950
双葉町世帯数ª⁾	2,432	2,388	2,323	2,300	2,266
回答者数	585名	654名	499名	779名	707名
回答率ᵇ⁾ (実質回答率ᶜ⁾)	20% (24%)	23% (27%)	17% (21%)	26% (34%)	24% (31%)

(注) a) 双葉町役場より広報が送られる先は各世帯の他に、広報配布を希望した宛先
が含まれる。より正確な回答率を把握するため、双葉町役場が発表している調査票
配布日前月末時点の双葉町世帯数をここでは紹介している。b) 回答者数 / 配布数。
c) 回答者数 / 双葉町世帯数。

図 1.1　国勢調査と回答者の性別分布

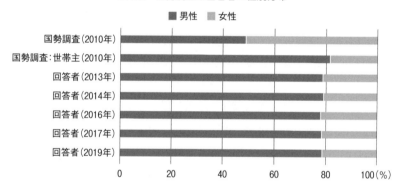

図 1.2　国勢調査と回答者の年齢分布

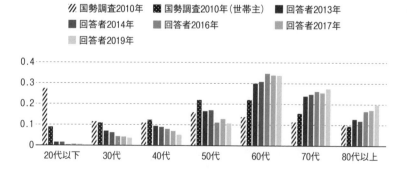

帯主の男女比率を反映し、約 8 割が男性の回答者である。

　また、回答者の年齢分布についても世帯主を対象とした調査であることを反映して、国勢調査でみた双葉町全体の分布と比較して年齢が高い人が多い傾向にある。ただし、男女比は国勢調査の世帯主と回答者で大体同じであったのに対して、年齢については、国勢調査における双葉町の世帯主の分布と比較しても、60 代後半以上の方が多いという偏った分布である。

　後の章で紹介する分析ではこうした偏りにできる限り対処した分析を行っているが、そうした調整には限界があることに加えて、震災という大変な状況が起こった後にご協力いただいた調査なので、回答者の傾向が一般的なアンケート調査とは大きく異なっている可能性も考えられる。そのため、本調査の結果が、必ずしも双葉町民全体の傾向を示すものではないことにはご留意いただきたい。

2 社会経済的な状況の変化

　それではまず、5 回の調査からわかる双葉町民の社会経済的な状況の変化について、「居住地や住居の変化」と「年収や職業の変化」に分けて確認する。

2.1　居住地や住居の変化

　まずはじめに、双葉町民の経験した震災後の転居回数からみてみよう。その分布は図 1.3 の通りである。転居回数に関する質問は 2016 年の第 3 回調査以降に含まれている。震災後には 90% 以上の人が 3 回以上の転居を経験し、さらに 2016 年の回答からは、40% 以上の人が 6 回以上の転居を震災後に経験していることがわかる。注意したいのは、転居回数は 2016 年以降増えておらず、むしろ少し減少している傾向がみられることだ。転居回数が増加していないのは、震災直後に多くの転居があり、震災 5 年が経過した後の転居は多くないことが影響していると考えられる。また、若干の減少の傾向がみられるのは、震災後時間が経つにつれて震災直後の公民館への滞在等、短期的な転居が回数に含まれなくなっていっている等の「思い出しバイアス」が影響している可能性が考えられる。

図 1.3　合計転居回数の変化

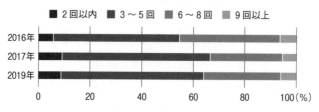

図 1.4　回答者住居の福島県内と県外割合の変化

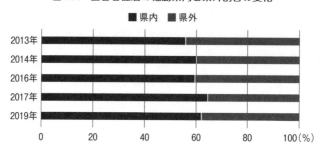

図 1.5　住居の種類の変化

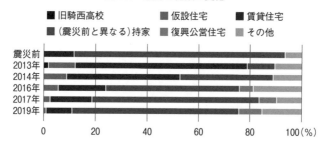

　また、居住地の変化について福島県内と県外の分布を示したのが図 1.4 である。2013 年から 2017 年にかけては、福島県内在住者の割合が少しずつ増加している傾向があることから、福島県外に避難した双葉町民が震災後に福島県外から福島県内に戻ってきていた傾向があると考えられる。しかし、2019 年には 2017 年と比べて、福島県内在住者の割合がほとんど変わらないか少し減少していることがわかる。これは先述のように、震災後 5 年以降の転居が多くないことや、図 1.5 で紹介するように震災後 5 年以降はすでに多くの方が避難先で自宅を購入していることが反映されていると考えられる。

　次に、回答者の住居の種類の分布の変化を示したのが、図 1.5 である。震災

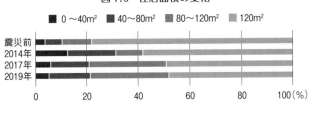

図1.6 住居面積の変化

図1.7 同居家族の人数の変化

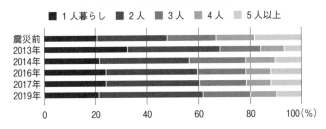

前はほとんどの人が持家の自宅で生活していたことがわかる。そして震災後、多くの人が賃貸住宅（みなし仮設住宅を含む）や仮設住宅に移ったが、震災から時間が経つにつれて、賃貸住宅や仮設住宅に住む人の割合は減少していき、一方で震災前とは異なる持家に住む人の割合が増えている。そして、震災5年後にあたる2016年には多くの人がすでに双葉町以外で新しく住宅を購入して暮らしていることがわかる。なお、プロローグで述べたように2013年の調査時点では旧騎西高校の避難所に居住されている避難者が記録されている。また、「その他」には「社宅」「親戚宅」などさまざまものが含まれているため、単純に比較することはできない点に注意してほしい。

　住居の種類の変化からは震災から年月が経つにつれ、多くの人が双葉町以外の地で持家を購入して生活をしていることがわかったが、住宅の広さや環境は震災前とどのように変化しているのだろうか。まず、住居面積の変化については、図1.6の通りである。震災前と比較して震災後は住居面積が狭い人の割合が多くなっていることがわかる。

　また、同居家族の人数については図1.7の通りである。震災前は50%以上の人が3人以上で同居していたが、震災後はその割合が少なくなっている（本書で紹介する双葉町の震災前に関するデータは、震災後の調査で過去の状況を思い出して回答いただいた結果である）。2014年には2013年に比べてその割合が大

図1.8 近隣に住む双葉町民の知り合い世帯数の変化 (2013〜2014年)

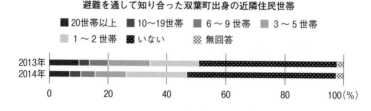

双葉町では知り合いではなかったが
避難を通して知り合った双葉町出身の近隣住民世帯

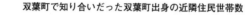

双葉町で知り合いだった双葉町出身の近隣住民世帯数

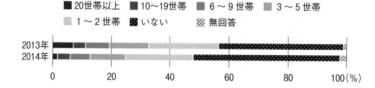

図1.9 近隣の知り合い・友人数の変化 (2016〜2019年)

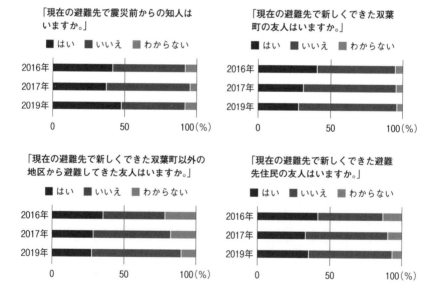

きくなっているものの、2019年の調査でも3人以上での同居の割合は40%未満になっていることから、震災前と比べると同居家族は減少している傾向があることがわかる。

では、震災後に近隣住民の様子はどのように変化しているだろうか。震災後

図1.10　職業の変化

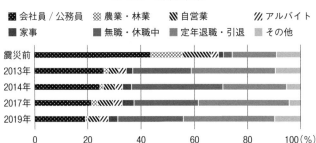

図1.11　世帯年収の変化

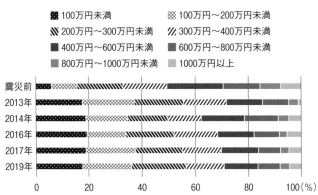

の近隣住民の変化は図1.8と図1.9の通りである。震災直後に比べて近隣に住む双葉町出身の知り合いや友人の数は次第に減ってきていることがわかる。一方で、避難先では友人が増えておらず、避難者の社会的なつながりが弱まっている可能性が示唆される。

2.2　年収や職業の変化

　次に、回答者の職業および年収の分布の変化をみてみよう。これらについては、図1.10と図1.11の通りである。まず、回答者の職業の分布は、震災前は40%以上が会社員/公務員で、約10%が農業・林業、約10%が自営業であった。そして、定年退職・引退の割合は20%弱であった。

　震災後には、会社員/公務員、農業・林業、自営業の人の割合が減り、無職・休職中、および定年退職・引退の割合が大きくなっている。定年退職・引

図1.12　主観的健康感の変化

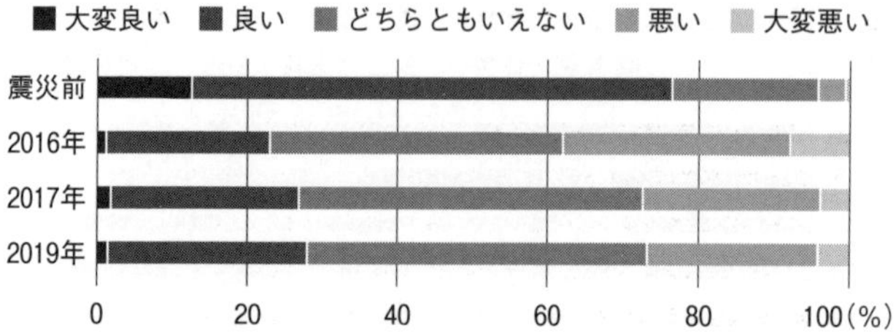

退の割合については、震災後に徐々に増えており、これは、回答者の年齢分布からもわかるように、震災後に回答者が年齢を重ねたことによるものと考えられる。さらに、65歳を超えても引退しないで職を持っていた人が震災を機に引退を選択せざるをえない可能性があったことも考えられる。

　また、無職・休職中の人の割合については震災後に増え、その後減っていない傾向があることがわかる。図1.11にみられるように、世帯年収（労働収入および年金を含むが、賠償金は含まない）についても、震災後に減少してから、回復傾向がみられていない。これらから、無職、休職中の人や、不本意に引退せざるをえなかった人への就労支援は、震災後の生活を安定させるために今も重要な課題であることがわかる。

3　健康状態の変化

　前節では居住地や職業等から双葉町民の社会経済的状況の変化を概観したが、本節ではそうした社会経済的状況から影響を受けると考えられる、震災前後や震災後の健康状態に関わる項目の変化について概観する。

3.1　主観的健康感
　まず、回答者の主観的健康感に関する質問は、2016年の第3回調査から含まれている。図1.12に示されているように、震災前は75%程度の人が自身の健康状態を「良い」もしくは「大変良い」と評価していたものの、2016年の調査時点で「良い」もしくは「大変良い」と評価している人は、23%程度と、

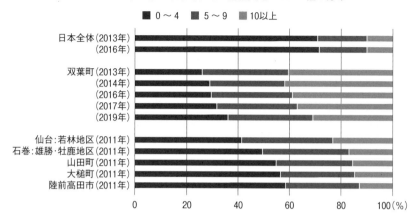

図 1.13　日本全体、双葉町、その他被災地の K6 の値の分布

■ 0〜4　■ 5〜9　■ 10 以上

（注）K6 は心理的ストレスの度合いを示す指標で、大きな値ほどストレスの程度が高いと考えられる。

（出所）双葉町：東京大学「災害からの生活基盤復興に関する国際比較」プロジェクトによるこれまでの調査。日本全体：厚生労働省「国民生活基礎調査」（2013、2016 年）。その他地域：「東日本大震災被災者の健康状態等に関する調査」（研究代表者：林謙治）2012 年。

大きく減少していることがわかる。その後は少しずつ「良い」「大変良い」と評価している人の割合が増えているが、回復の傾向は非常に緩やかである。

3.2　こころの健康

　こころの健康状態について、双葉町民の「K6」と呼ばれる全般的なストレス状態を診断する指標の数値の分布が図 1.13 に示されている。K6 は、国際的に使用されている全般的なこころの健康状態を示す指標で 6 つの質問から成り、その合計の点数が高いほど、こころにストレスを抱えている可能性が高いと考えられる[5]。

　これをみると、2013 年から 2019 年にかけて、少しずつ改善していることがわかる。しかし、日本全体の分布や、双葉町以外の被災地で震災直後に行われた調査と比較すると高い値で、回復には非常に長い時間がかかる可能性があることがわかる。

　さらに、仮設住宅に住む双葉町民の K6 の分布を、宮城県の仮設住宅に住む

5）Kessler et al.（2002）、Furukawa et al.（2008）、古川ほか（2003）。

図1.14 仮設住宅住民のK6の変化

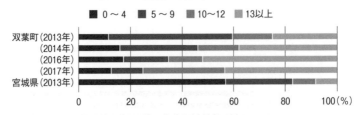

（出所）双葉町：東京大学「災害からの生活基盤復興に関する国際比較」プロジェクトによるこれまでの調査。宮城県：宮城県「平成25年度応急仮設住宅（プレハブ）入居者健康調査結果」。

図1.15 住居種類別K6の分布（2019年）

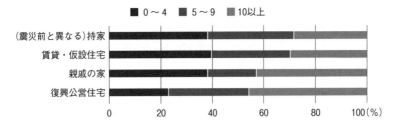

　人を対象とした調査結果と比較した図1.14をみても、双葉町民で仮設住宅に住む人のK6の値はきわめて高い可能性があることがわかる。そして、双葉町の仮設住宅に住む人のK6の値は2013年から2017年にかけて高くなっている傾向がみられる。長期的な仮設住宅での生活がこころの健康状態にストレスを与えているほか、こころのストレスが大きいことで、仮設住宅から次の住まいへの移動が困難になっている可能性も考えられる。長期的に仮設住宅に住んでいた方へのこころの健康のサポートが重要であることが示唆される。

　また、2019年の調査の回答者では、仮設住宅に住む人はごく少数（6名）だったため、住居種類ごとのK6の分布を確認した。その結果、図1.15にみられるように、復興公営住宅に住む人のK6の分布が、震災前と異なる持家や賃貸住宅等に住む人に比べ、高い傾向があることが示された。復興公営住宅に入居してからも継続的なこころの健康サポートが重要であることが示唆される。

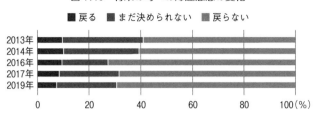

図1.16　将来の町への帰還意思の変化

4 気持ちの変化

　前節では、双葉町民の主観的健康感やこころの健康が震災によって大きな被害を受け、その回復にはまだ長い時間がかかる可能性があることを示唆する調査結果を概観した。では、双葉町民の気持ちについてはどのような変化があったのだろうか。本節では将来町に戻るつもりがあるかどうか、幸福度、そして政府や近所の人への信頼感という3つの側面から双葉町民の気持ちの変化を概観する。

4.1　将来の町への帰還意思

　まず、将来の町への帰還意思についてみていこう。その結果は図1.16に示されているが、2013年の時点で、すでに約6割の人が将来町には戻らないことを決めている。その後、戻るつもりのある人は徐々に減少し、2019年の調査時点では約7割の人が町へは戻らないことを決めている。震災後2年が経過した時点ですでに多くの人が町への帰還意思をなくしており、さらにその後も時間が経過するにつれてその傾向は強くなっていることがわかる。

4.2　幸福度

　幸福度については「現在、あなた（世帯主）はどの程度幸せですか。『とても幸せ』を10点、『とても不幸』を0点とすると、何点くらいになると思いますか」という質問を用いて計測され、2014年の第2回調査から追加された。同じ質問を用いて日本全国の住民を対象に行われた内閣府やニッセイ基礎研究所による調査[6]と双葉町民への調査の結果の分布は図1.17の通りである。こ

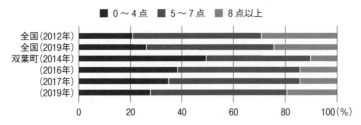

図 1.17　幸福度の変化

（出所）全国（2012）：内閣府「生活の質に関する調査」、全国（2019）：ニッセイ
　　　基礎研究所「被用者の働き方と健康に関する調査」に基づく。

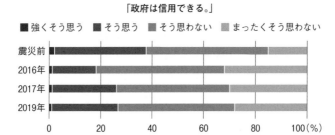

図 1.18　政府への信頼感の変化

れをみると、日本全国では 25〜30% が 8 点以上で幸福と感じており、4 点以
下で不幸と感じている人の割合は、20〜30% 程度であることがわかる。一方、
2014 年の調査では双葉町民の間では 4 点以下の割合が約 5 割と非常に大きく、
震災によって幸福度が下がった可能性が示唆される。その後、時間が経つにつ
れて、幸福度が低い人の割合は減り、幸福度が高い人の割合は増えてきている。
2019 年の第 5 回調査時点では、双葉町民の間でも約 2 割の人が 8 点以上で、4
点以下の人は約 3 割となり、全国の調査とほとんど変わらない分布にまで回復
していることがわかる。

6） 2012 年に実施された内閣府の調査は、全国の一般世帯の 15 歳以上の者を対象として
おり、住民基本台帳から無作為抽出された者に、訪問留置法で調査が行われた。2019 年
に実施されたニッセイ基礎研究所の調査は、18 歳以上 64 歳未満の被用者（株式会社ク
ロスマーケティングのモニター会員）を対象にしたインターネット調査である。

図1.19　福島県への信頼感の変化

「福島県は信用できる。」

■ 強くそう思う　■ そう思う　■ そう思わない　■ まったくそう思わない

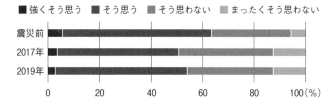

図1.20　居住地区の隣人への信頼感の変化

「住んでいる地区の隣人は信用できる。」

■ 強くそう思う　■ そう思う　■ そう思わない　■ まったくそう思わない

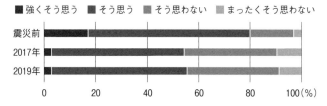

4.3　信頼感

　人々の信頼感について、日本政府への信頼感に関する質問が2016年の第3回調査から、福島県および居住地区の隣人に対する信頼感が2017年の第4回調査から質問項目に含まれている。まず政府への信頼感については、図1.18にみられるように、震災前は約4割の人が政府は信用できると考えていたものの、その割合は震災後の2016年には約2割となり、震災前後で双葉町民の政府への信頼感は低下したことが確認できる。その後、政府は信用できると答える人の割合は少し増加し、まったく信用できないと答えた人は少しずつ減少傾向がみられる。福島県への信頼感については、図1.19からわかるように、信用できると答えた人の割合がもともと政府よりも高く、震災前には6割以上の人が福島県は信用できると答えている。しかし政府への信頼感と同様に、震災後は信用できるという人の割合は少し減少しているものの、その後全体的には少しずつ回復傾向がみられる。ただし、震災前の水準にはいたっていない。これらは、原発事故によって、原発が安全であると説明されてきたことへの不信感や、その後の原発事故への対応による不信感を示している可能性がある。

　最後に、住んでいる地区の隣人への信頼感についてみていこう。図1.20に示したように、震災前の双葉町では約8割の人が信用できると答えており、信頼感がとても高かったことが確認できる。震災後は政府への信頼感や福島県への信頼感と同様に、信用できると答えた人の割合は減少し、その後若干の回復傾向がみられている。このことは、双葉町での隣人同士の信頼関係はとても強かったものの、震災で離れ離れになり、新しい隣人を持つようになることで、隣人への信頼感が下がった状況を示している可能性がある。

5 複合的災害の複合的被害

　これまでみてきたように、アンケート調査の記述統計からは、双葉町民の社会経済的な状況の変化として、双葉町を離れて仮設住宅や賃貸住宅での生活をした後、多くの人が双葉町以外で住居を購入して生活していることがわかった。将来的に双葉町に戻りたいという人ももともと少なく、時間の経過によってさらに減少している。そして、職業や年収面については、震災によって多くの人が職を失ったり、引退したりしたうえで、年収は減少し、現在も求職中の人が多くいる。健康面での変化としては、震災によって身体的・精神的な健康状態が大きく悪化し、その後緩やかに回復がみられているが、震災前の状態に戻るにはまだまだ長い時間が必要である。特に仮設住宅に長期間住んでいた人のこころの健康状態の悪化が深刻であり、復興公営住宅に住んでいる人にも同様の傾向がみられている。そして、双葉町民の気持ちの変化としては、日本政府や福島県、隣人への信頼感が震災によって低下し、その後の回復傾向も非常に緩やかで、震災前の状況に戻るにはまだまだ長い時間が必要であることがわかった。一方で、幸福度については、日本全体の分布に近い水準まで回復傾向がみられた。

　こうした記述統計による整理からは、避難者の生活は震災によって大きく変化しており、震災後に同じ場所で生活再建が可能な場合が多い地震や津波等の自然災害に比べて、原発事故という人的災害によるこころの健康への影響はより長期的で甚大である可能性があることがわかる。それでは、さまざまな社会経済的な状況の変化のなかでもどういった側面がこころの健康に影響を与えて

いるのか、そして、原発事故の甚大な被害のなかでもどういった人がより良い
こころの健康状態を保っているのだろうか。

　しかし、こうした疑問に対して記述統計だけでは答えることができない。そ
こで、筆者らは、被災者や町役場へのインタビューを通して得た知見をもとに、
社会的なつながり（ソーシャル・キャピタル）、資産の喪失、そして時間選好[7]
という震災によってもたらされた3つ側面の変化に注目して、データから因果
関係を見いだすための計量経済学の手法を使い、厳密に災害後のこころの健康
の決定要因を検証した。ソーシャル・キャピタルの変化がこころの健康に与え
る影響の検証は第2章、資産の喪失がこころの健康に与える影響の検証は第3
章、時間選好の変化がこころの健康に与える影響の検証は第4章で、それぞれ
詳しく議論していこう。

7）時間選好とは人々のせっかちさや先送り傾向を示す。詳細は第3章で説明する。

参考文献

岩﨑敬子（2020a）『「東日本大震災による被害・情報取得経路・復興に関するアンケート」2013年調査結果概要——福島県双葉町民を対象とした第1回調査』基礎研レポート、2020年2月7日（https://www.nli-research.co.jp/report/detail/id = 63610?site = nli）。

岩﨑敬子（2020b）『「東日本大震災による被害・生活環境・復興に関するアンケート」2014年調査結果概要——福島県双葉町民を対象とした第2回調査』基礎研レポート、2020年2月7日（https://www.nli-research.co.jp/report/detail/id = 63611?site = nli）。

岩﨑敬子（2020c）『「東日本大震災による被害・生活環境・復興に関するアンケート」2016年調査結果概要——福島県双葉町民を対象とした第3回調査』基礎研レポート、2020年2月7日（https://www.nli-research.co.jp/report/detail/id = 63612?site = nli）。

岩﨑敬子（2020d）『「東日本大震災による被害・生活環境・復興に関するアンケート」2017年調査結果概要——福島県双葉町民を対象とした第4回調査』基礎研レポート、2020年2月7日（https://www.nli-research.co.jp/report/detail/id = 63613?site = nli）。

岩﨑敬子（2020e）『「東日本大震災による被害・生活環境・復興に関するアンケート」2017年調査結果概要——福島県双葉町民を対象とした第5回調査』基礎研レポート、2020年2月7日（https://www.nli-research.co.jp/report/detail/id = 63614?site = nli）。

古川壽亮・大野裕・宇田英典・中根允文（2003）「心の健康問題と対策基盤の実態に関する研究」平成14年度分担報告書、厚生労働科学研究費補助金厚生労働科学特別研究事業。

Furukawa, T. A., Kawakami, N., Saitoh, M., Ono, Y., Nakane, Y., Nakamura, Y., Tachimori, H., Iwata, N., Uda, H., Nakane, H., Watanabe, M., Naganuma, Y., Hata, Y., Kobayashi, M., Miyake, Y., Takeshima, T. and Kikkawa, T.（2008）"The Performance of the Japanese Version of the K6 and K10 in the World Mental Health Survey Japan," *International Journal of Methods in Psychiatric Research*, 17(3): 152-158.

Kessler, R. C., Andrews, G., Colpe, L. J., Hiripi, E., Mroczek, D. K., Normand, S. L., Walters, E. E. and Zaslavsky, A. M.（2002）"Short Screening Scales to Monitor Population Prevalences and Trends in Non-Specific Psychological Distress," *Psychological Medicine*, 32(6): 959-976.

第 2 章

原発事故と人々のつながり
ソーシャル・キャピタルの役割

はじめに

　1970 年代以降の米国におけるコミュニティと、それを基盤とする社会的な
つながりの希薄化に警鐘を鳴らしたパットナムによる『孤独なボウリング』
（2000 年）の発刊で、「ソーシャル・キャピタル」が世界的に注目を集めてから
20 年が経過した。ソーシャル・キャピタル[1]は、経済発展[2]、政治体制[3]、健
康[4]、幸福度[5]、防災や減災[6]といったさまざまな側面に影響を与える鍵概念
として注目を集めてきた。日本では、2011 年の東日本大震災の後、「絆」とい
う言葉が溢れ、人々のつながりやお互い様の精神で表されるソーシャル・キャ
ピタルの役割に改めて注目が集まった。一方で、ソーシャル・キャピタルに関
する研究にはさまざまな課題があり、それを政策に活かすためには、因果関係
の考察を含めた実証研究の積み重ねが必要である。そうしたなかで筆者らは、
原子力発電所事故という世界的に特殊な状況下における避難者である双葉町の
人々のつながりの喪失の深刻さを、インタビューやアンケート調査を通じて避
難者からうかがい、ソーシャル・キャピタルをより効果的な政策の形成に役立
てることを目的として、双葉町のソーシャル・キャピタルの震災前後の変化と、
それが果たすこころの健康（メンタルヘルス）の維持への役割を検証した。

　近年、ソーシャル・キャピタルは、健康政策や防災・減災政策にも取り入れ
られるようになってきており、多くの人が一度は聞いたことがある言葉になっ
たかもしれない。しかし、普遍的な定義がないまま政治学や社会学、公衆衛生
学等さまざまな分野で用いられてきたことから、その意味を改めて問われると
案外説明が難しいのではないだろうか。そこで、本章ではまず第 I 節で、ソー
シャル・キャピタルについての概要を解説する。続いて第 II 節では、災害と
ソーシャル・キャピタルに関する先行研究を整理し、第 III 節で、双葉町のデー
タを用いたソーシャル・キャピタルとこころの健康の関係に関する筆者らの
実証研究を紹介する。

----

1) 日本語では「社会関係資本」と呼ばれる。
2) Knack and Keefer（1997）, Arrow（1972）, Fukuyama（1995）.
3) Putnam（1993）, La Porta et al.（1997）.
4) Tsuruya et al.（2019）.
5) Kawachi et al.（2010）.
6) Aldrich（2012）.

I
ソーシャル・キャピタルとは

1 ソーシャル・キャピタルの定義

▶ 社会的凝集性アプローチとネットワーク・アプローチ

　ソーシャル・キャピタルはさまざまな分野で発展してきたことから、さまざまな分野の研究者等によって定義されてきており、共通の1つの定義が存在しないことが知られている。代表的な定義には、社会学者のコールマンや政治学者であるパットナム、経済協力開発機構（OECD）、社会学者のブルデューやリンによるものがあるが、表2.1をみてもわかるように、代表的な定義に限っても多様である。このように多様に定義されるソーシャル・キャピタルの概念について理解を深めるには、その概念の捉え方を「社会的凝集性アプローチ」と「ネットワーク・アプローチ」の2つに分類する方法が役に立つ[7]。

1.1　社会的凝集性アプローチ

　社会的凝集性アプローチでは、ソーシャル・キャピタルは集団に属する資源であるとし、信頼、規範、ネットワークをその構成要素として捉えている。このアプローチでは、ソーシャル・キャピタルが属するのは個人ではなく集団であると考えるため、非協力的な個人もその集団に属していれば、フリーライダーとして、その集団のソーシャル・キャピタルの利益を得ることができると考えられる。

　たとえば、自治会の活動が盛んで普段から住民同士の助け合いが活発に行われているようなコミュニティは、ソーシャル・キャピタルが高いコミュニティと捉えられる。そして、自治会や助け合いには普段参加していない個人であっても、そのコミュニティに属していることで、犯罪に遭う可能性が低くなったり、災害時に情報提供がすばやく行われたりするといったソーシャル・キャピタルの恩恵を得ることができる可能性があるのである。表2.1で言えば、コー

---

7)・Kawachi et al.（2010）.

表2.1　代表的なソーシャル・キャピタルの定義

アプローチ	著者	ソーシャル・キャピタルの定義
社会的凝集性アプローチ	コールマン	「共通する二つの特徴をもつ社会構造上の一式の資源である。すなわち、それらの様相はすべて社会構造のある側面から構成され、そして構造内に存在する個人の特定の行動を促進する、という特徴をもつ」(Coleman 1990, p.302)[a]
	パットナム	「協調的行動を容易にすることにより社会の効率を改善しうる信頼・規範・ネットワークなどの社会的仕組みの特徴」(Putnam 1993, p.35)[b]
	OECD	「グループ内ないしはグループ間の協力を容易にさせる規範・価値観・理解の共有を伴ったネットワーク」(OECD 2001, p.41)[c]
ネットワーク・アプローチ	ブルデュー	「互いの認識と互酬的関係が備わった強固なネットワークを通じて得られる実在あるいは潜在的な資源の集まり」(Bourdieu 1986, p.248)[d]
	リン	「特定目的の行為においてアクセスされたり、活用される社会構造の中に埋め込まれた資源」(Lin 2001, p.29)[e]

（注）a) カワチ他（2013）、p.4 での訳。b) 稲葉（2011）、p.23 での訳。c) 稲葉（2007）、p.4 での訳。d) 杉澤・近藤（2015）、p.223 での訳。e) 稲葉（2007）、p.4 での訳。

ルマン、パットナムや OECD の定義はこのアプローチで捉えた定義であると分類できる。

1.2　ネットワーク・アプローチ

　一方、ネットワーク・アプローチでは、ソーシャル・キャピタルは、ネットワーク自体ではなく、個々人がネットワークを通して得られる社会支援や情報等の利益であると捉える。つまり、ネットワーク・アプローチにおけるソーシャル・キャピタルは、時間やお金を使う（投資する）等によって個々人が管理するネットワークを使って個々人が必要なときにアクセスする、個々人の資源である。たとえば、就職活動で、「コネ」をたくさん持った人をソーシャル・キャピタルが高い人と捉えるのである。表2.1のブルデューやリンによる定義はこのアプローチに分類できる。ネットワーク・アプローチでは、ソーシャル・キャピタルが属する主体は、個人レベルで捉えられることが多いが、集団が何らかの目的のためにネットワークを用いて情報や社会支援を得る場合は、主体を集団として捉えることもできる。

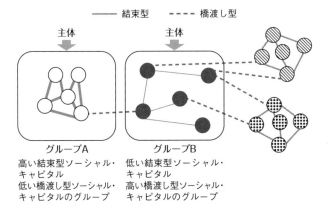

図 2.1　結束型および橋渡し型ソーシャル・キャピタルの概念図：
　　　　社会的凝集性アプローチの視点

2　ソーシャル・キャピタルが扱うつながりの種類

▶ 結束型ソーシャル・キャピタルと橋渡し型ソーシャル・キャピタル

　社会的凝集性アプローチにおいてもネットワーク・アプローチにおいても用いられるつながりの次元に基づく重要な分類に、「結束型ソーシャル・キャピタル」[8] と「橋渡し型ソーシャル・キャピタル」[9] がある[10]。

2.1　社会的凝集性アプローチでみた結束型ソーシャル・キャピタルと
　　　　橋渡し型ソーシャル・キャピタル

　まず、社会的凝集性アプローチの視点では、結束型ソーシャル・キャピタルは同質のグループ内のメンバー同士のネットワークの特徴を示す一方、橋渡し型ソーシャル・キャピタルは異なるグループとの結びつきの特性を示す。たとえば、図 2.1 のグループ A は、グループ内のつながりは強いが、異なるグループとのつながりが弱く、高い結束型のソーシャル・キャピタルを持つが、橋

---

8)　英語では "bonding social capital" と呼ばれる。

9)　英語では "bridging social capital" と呼ばれる。

10)　もう 1 つ連結型ソーシャル・キャピタル（linking social capital）を含めて 3 つの種類の次元で議論されることもあるが、本章では、Kawachi et al.（2010）に従って、連結型ソーシャル・キャピタルは橋渡し型ソーシャル・キャピタルに上下の関係が加わった橋渡し型ソーシャル・キャピタルの特殊な形として捉える。

図2.2　結束型および橋渡し型の関係から得られるソーシャル・
　　　　キャピタルの概念図：ネットワーク・アプローチの視点

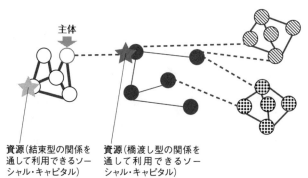

主体

資源（結束型の関係を
通して利用できるソー
シャル・キャピタル）　　資源（橋渡し型の関係を
　　　　　　　　　　　通して利用できるソー
　　　　　　　　　　　シャル・キャピタル）

渡し型のソーシャル・キャピタルは低いグループだと言える。一方、グループ
Bはグループ内のつながりは弱いが、異なるグループとのつながりを多く持つ
ことから、結束型のソーシャル・キャピタルは低いが、橋渡し型のソーシャ
ル・キャピタルは高いグループだと言うことができる。

　たとえば、村中の人がお互いに知り合いで、助け合いや情報共有が活発に行
われているけれど、別のコミュニティとのつながりは多くない、過疎化が進ん
だ小さな村があれば、それはグループAのようなコミュニティだと考えられる。
一方、都会のタワーマンションのように、マンション内のつながりは、隣に住
んでいる人の名前や職業も知らないような弱いものだけれど、個々人が多様な
コミュニティとつながりを持っている場合は、グループBのようなコミュニテ
ィだと考えられる。

2.2　ネットワーク・アプローチでみた結束型・橋渡し型の関係と
　　　ソーシャル・キャピタル

　ネットワーク・アプローチで捉える場合は、つながり自体をソーシャル・キ
ャピタルとは捉えないことから、結束型ソーシャル・キャピタル、橋渡し型ソ
ーシャル・キャピタルという言葉ではなく、「結束型の関係」や、「橋渡し型の
関係」という言葉が使われる。この場合、図2.2にみられるように、矢印で示
した個人を主体とすると、同じグループ内のネットワークを通してアクセスで
きる薄いグレーの星印で表される資源は結束型の関係を通して利用できるソー
シャル・キャピタルであり、濃いグレーの星印で表される資源は、異なるグル

ープにあるが、橋渡し型の関係を通して利用できるソーシャル・キャピタルということになる。

　たとえば、会社内のつながりを結束型の関係、会社をまたぐつながりを橋渡し型の関係とした場合、やり手の営業職員は、橋渡し型の関係を使ってさまざまな会社の情報や機会にアクセスし、結束型の関係を使って社内の人材の持つさまざまな能力を活用して目的を達成するかもしれない。そのような人は、橋渡し型の関係から得られるソーシャル・キャピタルも、結束型の関係から得られるソーシャル・キャピタルもどちらも高い個人であると考えることができる。一方、たとえば1つの会社に長く勤めてきた事務職員のように、社外の人とのつながりはほとんどなくても、同じ会社内の人については、誰に何を頼めばよいか熟知していて情報を得られる関係を築いている場合には、橋渡し型の関係を通したソーシャル・キャピタルは低いが、結束型の関係を通したソーシャル・キャピタルは高い個人であると捉えられる。

3 ソーシャル・キャピタルの要素の種類

▶ 構造的ソーシャル・キャピタルと認知的ソーシャル・キャピタル

　社会的凝集性アプローチにおいてもネットワーク・アプローチにおいても有効なソーシャル・キャピタルの要素に基づく重要な分類に、「構造的ソーシャル・キャピタル」と「認知的ソーシャル・キャピタル」がある。構造的ソーシャル・キャピタルが、ネットワークや役割等、観察や記録によってある程度客観的に観察可能であるのに対して、認知的ソーシャル・キャピタルは、規範や考え方など主観的で客観的に観察することができないという特徴がある。構造的ソーシャル・キャピタルと認知的ソーシャル・キャピタルの概要は、表2.2のように整理できる。

3.1　構造的ソーシャル・キャピタル

　構造的ソーシャル・キャピタルは協調的な行動を容易にする「役割・規則、手続き・慣例、およびネットワーク」と定義される[11]。構造的ソーシャル・

----

11) Uphoff（2000）.

表2.2　構造的ソーシャル・キャピタルと認知的ソーシャル・キャピタル

	構造的ソーシャル・キャピタル	認知的ソーシャル・キャピタル
定義	協調的な行動を容易にする「役割・規則、手続き・慣例およびネットワーク」	よりよい相互関係を構築・補強し協調的な行動をサポートする「規範、価値観、考え方、他人の態度や行動への信頼」（以下、規範等）
一次構造	1. 協調的な行動に必要な4つの機能および活動（①意思決定、②資源活用、③コミュニケーションと調整、④問題解決）をサポートする具体的な役割と規則 2. 物質的・非物質的な資源の交換を伴う社会関係（ネットワーク）	1. 他人に対する態度（どのように考えたり行動したりするべきか） a. 信頼と互酬性に関する規範等 b. 団結性に関する規範等 2. 行動への態度（どのように行動する傾向があるか） a. 協力性に関する規範等 b. 寛容さに関する規範等
二次構造	1. 手続き：上記の4つの機能および活動を実施するために共通認識されている手続き 2. 慣例：役割や規則、手続きに正当性を与える活動経験	一次構造に対応する、または一次構造を補強する、さまざまな規範や価値観、考え方、他人の態度や行動への信頼 （例：正直さ、平等主義、公平性、参加、民主主義、将来への考え等）
特徴	観察や記録によって客観的に観察可能	主観的で客観的に観察できない

（出所）Uphoff（2000）と Harpham（2010）をもとに筆者作成。

キャピタルと認知的ソーシャル・キャピタルはそれぞれ、一次構造と二次構造に分けることができる。

　構造的ソーシャル・キャピタルの一次構造は、協調的な行動に必要な4つの機能および活動（①意思決定、②資源活用、③コミュニケーションと調整、④問題解決）を行うための役割と規則であり、二次構造はそれらを実施するために共通認識されている手続きと、それらの役割と規則、手続きに正当性を与える活動経験としての慣例であるとしている。

3.2　認知的ソーシャル・キャピタル

　認知的ソーシャル・キャピタルは、よりよい相互関係を構築・補強し協調的な行動をサポートする「規範、価値観、考え方、他人の態度や行動への信頼」と定義される[12]。認知的ソーシャル・キャピタルの一次構造については、他人に対する態度として、信頼と互酬性に関する規範、価値観、考え方、および他人の信頼と互酬性に関する態度への信頼が含まれる。

----

[12] Uphoff（2000）.

表2.3　ソーシャル・キャピタルの分類のまとめ

分類の軸	分類	説明
定義	社会的凝集性アプローチ	ソーシャル・キャピタルは集団に属する資源で、信頼、規範、ネットワークがその構成要素
	ネットワーク・アプローチ	ソーシャル・キャピタルは、ネットワーク自体ではなく、個々人がネットワークを通して得られる社会支援や情報等の利益
つながり	結束型ソーシャル・キャピタル	同質のグループ内のメンバー同士のつながり
	橋渡し型ソーシャル・キャピタル	異なるグループとのつながり
要素	構造的ソーシャル・キャピタル	役割・規則、手続き・慣例、およびネットワーク（客観的に観察可能）
	認知的ソーシャル・キャピタル	規範、価値観、考え方、他人の態度や行動への信頼（主観的で客観的に観察できない）

　さらに、信頼と互酬性と同様に他人に対する態度に関しては団結性について、行動への態度に関しては協力性、寛容さのそれぞれについてその規範、価値観、考え方および他人のそれらに関する態度や行動への信頼が認知的ソーシャル・キャピタルの一次構造に含まれる。また、認知的ソーシャル・キャピタルの二次構造には、正直さや平等主義、公平性など、一次構造に対応したり、一次構造を補強したりするさまざまな規範や価値観、考え方や他人の態度や行動への信頼が含まれる。

3.3　ネットワーク・アプローチと構造的・認知的ソーシャル・キャピタル

　ネットワーク・アプローチではネットワーク自体や信頼関係をソーシャル・キャピタルとは呼ばないため、構造的ソーシャル・キャピタルと認知的ソーシャル・キャピタルという呼び方自体は、社会的凝集性アプローチで使われるものである。しかし、ネットワーク・アプローチにおいてもその分類は役に立つ。

　まず、ネットワーク・アプローチでいうところの個々人のソーシャル・キャピタルへのアクセスの分析は個人レベルでのネットワークの構造（構造的ソーシャル・キャピタル）の分析が中心的なものになる可能性か高い。一方で、構造的ソーシャル・キャピタルと認知的ソーシャル・キャピタルはそれぞれ独立したものではなく、相互に影響を与えあうものとして捉えられるべきものである。ネットワーク構造が信頼関係を生む一方、信頼関係がネットワーク構造を生む可能性[13]があるからである。そのため、たとえば、ネットワーク・アプロ

ーチで個々人を主体にしたソーシャル・キャピタルの分析を行うとしても、社会的凝集性アプローチでいうところの構造的ソーシャル・キャピタルと認知的ソーシャル・キャピタルの双方の影響を検討することは重要であると考えられる。

4 ソーシャル・キャピタルの計測方法

　それでは実証研究において、ソーシャル・キャピタルはどのように計測できるのだろうか。社会的凝集性アプローチとネットワーク・アプローチに分けて、それぞれにおける計測方法を紹介する。

4.1　社会的凝集性アプローチによるソーシャル・キャピタルの計測

　先に述べたように、社会的凝集性アプローチでは、ソーシャル・キャピタルは集団に属する資源であるとし、信頼、規範、ネットワークをその構成要素として捉えている。実証研究でのその計測方法としては、(1)アンケート調査等での個人の回答を集計することで集団のソーシャル・キャピタルを捉える方法と、(2)集団レベルの指標を使用する方法の2種類がある。

(1) 個人の回答の集計

　個人の回答を集計して集団のソーシャル・キャピタルを計測するための指標は、世界のさまざまな研究者が提案・実践してきたが、定義と同様にその指標についても研究者間で共通の1つの認識を持つには至っていない状況である。そのため、研究者は自らアンケート調査でソーシャル・キャピタルを計測しようとする場合、こうした過去の調査で使われてきた指標等を参考にして、ソーシャル・キャピタルの多面性を考慮に入れつつ、そのときの研究目的にあわせて指標を選択・作成する必要がある。

　ソーシャル・キャピタルを計測するための独自の指標に関する研究の流れで代表的なものには、パットナムらが中心となって始めたハーバード大学の

---

13) Wind and Komproe（2012）, Muniady et al.（2015）.

表2.4　SCCBSの主な調査項目

調査項目
・政治や国事にどれくらい興味があるか。
・下記のそれぞれの活動を12カ月以内に行ったか。また、行った場合は12カ月以内に何回くらい行ったか。
－学校のミーティングへの参加
－クラブや組織のミーティングへの参加
－友人を家に招く
－職場以外での同僚との交流
－異なる人種の友達の家に行くまたは異なる人種の友人を家に招く
－異なる地域に住む人の家に行くまたは異なる地域に住む人を家に招く
－コミュニティのリーダーと個人的に会う
－何かを直したり改善したりするために近所の人と一緒に活動する
・結婚式と葬式以外で、どれくらいの頻度で宗教的な行事に参加するか。
・今のコミュニティに何年住んでいるか。
・一般的に、人は信用できると思うか。
・一般的に、以下の人々をどの程度信用できると思うか。
－近隣に住む人
－一緒に仕事をする、一緒に学校に行く人
－他人

（出所）Hudson and Chapman（2002）から一部抜粋し筆者が邦訳したもの。

Saguaro講座によるものと、世界銀行による指標の発展によるものがある[14]。
ここでは、①Saguaro講座の設計により2000年に米国で行われたソーシャル・キャピタルの大規模調査であるSocial Capital Community Benchmark Survey（SCCBS）、②世界銀行による指標から発展したShort Version of the Adapted Social Capital Assessment Tool（SASCAT）、③日本での2002年の内閣府による大規模調査「ソーシャル・キャピタル：豊かな人間関係と市民活動の好循環を求めて」で使われたソーシャル・キャピタル測定指標の3つのソーシャル・キャピタル指標を紹介する。

　第1にSCCBSを紹介しよう。SCCBSの調査項目は全体で100項目以上にわたり、回答には26分程度を要する。調査は電話で行われた。全体としては、信頼、インフォーマルなネットワーク、フォーマルなネットワーク、政治参加、コミュニティ間の市民参加レベルの格差を領域としている[15]。表2.4の項目は人口動態調査にソーシャル・キャピタルの指標を含めることを想定してSCCBSを改訂し、5分程度で答えられるように短くしてパットナムが政府に

14）藤澤・濱野・小籔（2007）。
15）Hudson and Chapman（2002）.

表2.5　SASCAT の調査項目

構成要素	調査項目
構造的ソーシャル・キャピタル	
グループ への所属	・過去12カ月以内に以下のグループメンバーであったかどうか。 （労働組合、生活協同組合、女性団体、政治団体、宗教団体、スポーツ、その他）
グループ からの支援	・過去12カ月以内に以下のグループから精神的支援・経済的支援をもらったり、情報をもらったり、何かするのを手伝ってもらったか。 （労働組合、生活協同組合、女性団体、政治団体、宗教団体、スポーツ、その他）
個人からの 支援	・12カ月以内に以下の人から精神的支援・経済的支援をもらったり、情報をもらったり、何かするのを手伝ってもらったか。 （家族、隣人、隣人でない友人、宗教的なリーダー、政治家、官僚、NGO等、その他）
市民活動	・過去12カ月以内に他のコミュニティメンバーと共通の課題について議論したか。 ・過去12カ月以内に地域の権力者や政治者に話したことがあるか。
認知的ソーシャル・キャピタル	
信頼	・コミュニティの人を信頼できると思うか。 ・コミュニティの人は機会があればあなたを利用しようとするか。
社会的 凝集性	・コミュニティの人の多くが仲良くやっていると思うか。 ・コミュニティに属していると感じるか。

（出所）Story et al.（2015）から一部抜粋し、筆者が邦訳したもの。

提出した質問一覧の一部抜粋である。地域内と地域や人種をまたいだネットワークに関する質問を両方含んでおり、結束型ソーシャル・キャピタルと橋渡し型ソーシャル・キャピタルの両方を含む質問構成になっていることがわかる。

　第2に、発展途上国を主な調査対象として世界銀行の指標から発展してきたソーシャル・キャピタルの代表的な指標である SASCAT を紹介する。SASCAT は、もともとは、60 項目以上を含んでいた世界銀行の Social Capital Assessment Tool（SOCAT）という指標を短く改訂した Adapted Social Capital Assessment Tool（ASCAT）[16] をさらに短く改訂した指標で、The Young Lives の調査に取り入れられた項目である[17]。識字率が低い状況での活用を目的としており、インタビューによる調査として設計されている[18]。SASCAT の質問項目は表2.5の通りである。その特徴は、構造的ソーシャル・キャピタルと

16) Harpham et al.（2002）.
17) De Silva et al.（2006）.
18) Harpham et al.（2002）.

表 2.6　日本の内閣府による調査項目

構成要素	調査項目
つきあい・交流 （ネットワーク）	【近隣でのつきあい】 ・隣近所とのつきあいの程度 ・隣近所とつきあっている人の数 【社会的な交流】 ・友人・知人とのつきあい頻度 ・親戚とのつきあい頻度 ・スポーツ・趣味等活動への参加 ・職場の同僚とのつきあい頻度
信頼 （社会的信頼）	【一般的な信頼】 ・一般的な人への信頼 ・見知らぬ土地での人への信頼 【相互信頼・相互扶助】 ・近所の人々への期待・信頼 ・友人・知人への期待・信頼 ・職場の同僚への期待・信頼 ・親戚への期待・信頼
社会参加 （互酬性の規範）	・地縁的活動への参加 ・ボランティア・NPO・市民活動への参加

（出所）内閣府国民生活局（2003）。

認知的ソーシャル・キャピタルを明確に区別していることと、家族や隣人といった同質的なグループのメンバーと考えられる人々とのつながり（結束型ソーシャル・キャピタル）だけでなく、政治家や官僚といった異なるグループとのつながり（橋渡し型ソーシャル・キャピタル）も捉えるように設計されていることである。

　第3に、日本で行われた大規模アンケート調査である2002年の内閣府による調査で用いられた指標を紹介する。この調査は、郵送およびウェブによって実施された。この調査では表2.6の質問でソーシャル・キャピタルの信頼、規範、ネットワークを捉えている。この調査では、信頼、規範、ネットワークの構成要素ごとに、質問項目が設定されているが、構造的ソーシャル・キャピタルと認知的ソーシャル・キャピタルの分類からみると、ネットワークに関する指標は構造的ソーシャル・キャピタルを捉え、信頼に関する指標は認知的ソーシャル・キャピタルを捉え、社会参加に関する指標は、規範を捉えるという面では認知的ソーシャル・キャピタルであるが、観察可能という特徴と協調的な行動そのものであるという点では構造的ソーシャル・キャピタルと捉えることができる。また、つながりの種類としては、主に結束型ソーシャル・キャピタ

ルを捉えていると考えられる。

　これらのさまざまな調査で用いられてきたソーシャル・キャピタルの指標を
みてもわかるように、ソーシャル・キャピタルの計測方法は確立しておらず、
研究者が研究目的や、研究に含められる調査項目の数等、状況にあわせて作
成・選択している状況である。

　また、必ずしもソーシャル・キャピタルを計測することを目的としていない
調査の回答を二次的に利用してソーシャル・キャピタルを捉えることもある。
たとえば、1972 年から米国のシカゴ大学が行っている米国の大規模な総合的
社会調査（General Social Survey、通称 GSS）に含まれている「一般的な人への
信頼感」の項目[19]（「一般的に、人は信用できると思いますか。それとも、人と付
き合うときには、できるだけ用心した方がよいと思いますか」）は、これまで多く
の研究でソーシャル・キャピタルの指標として利用されてきた。もちろん、こ
うした二次的なデータを活用する場合は、ソーシャル・キャピタルの多面性を
捉えるのは難しいという限界もある。なお、「一般的な人への信頼感」は多く
の場合にソーシャル・キャピタルの指標として利用されている一般的な指標だ
と言えるが、その妥当性についても検証が進んでいる（Column ① 参照）。

Column ①　一般的な人への信頼感の質問の妥当性

　「一般的に、人は信用できると思いますか。それとも、人と付き合うときには、
できるだけ用心した方がよいと思いますか」という GSS の一般的な人への信頼
感の質問は、信頼やソーシャル・キャピタルの指標として多くの研究で使われ
てきた。しかし、この主観的な態度を問う質問は信頼やソーシャル・キャピタ
ルの指標として本当に妥当な質問なのか。ここでは、これを経済実験で検証し
た有名な 2 本の論文を紹介する。

　1 本目は Glaeser et al.（2000）である。彼らは、ハーバード大学の学生を対
象として、事前に GSS の一般的な信頼感の質問や、ドアの鍵を開けたまま外出
することがあるか、という過去の他人を信頼した行動に関する質問をしたうえで、
「信頼ゲーム」という実際のお金の受け渡しを伴う実験を行って、事前の質問と
実験での選択の関係を検証した。この結果、事前の GSS の質問で他の人を信頼
できると答えたとしても「信頼ゲーム」で、実際に他人を信頼して行動をする傾

---

19) 大阪商業大学 JGSS 研究センター（https://jgss.daishodai.ac.jp/surveys/table/OP4TRUS
T.html　2021 年 2 月 8 日アクセス）。

図2.3　信頼ゲーム

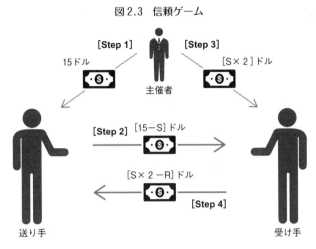

[Step 1]　[Step 3]

15ドル　　　　　　　　　　　[S×2]ドル

主催者

[Step 2]　[15−S]ドル

[S×2−R]ドル

[Step 4]

送り手　　　　　　　　　　　　　　　　　受け手

向はみられなかった。一方で、ドアの鍵を開けたまま外出することがあるかという質問で他人を信頼した行動をした人は、実験でも他人を信頼する選択をする傾向が確認された。また、GSS の質問への答えは他人を信頼する行動とは相関がみられなかったものの、GSS の質問で他人を信用できると答えた人は、実験で他人の信頼に応える（本人の信頼性）の度合いが高いことが確認された。

　ここで行われた「信頼ゲーム」は、主に経済学で使われる実験である。まず、準備として Glaeser et al. (2000) は、基本的に実験会場に到着した順に参加者を 2 人組のペアにし、その後は実験終了までお互いに顔をあわせないことを伝え、それぞれに「信頼ゲーム」の以下の 4 ステップを説明した[20]。

　(1)　ペアのうちの 1 人（送り手）に 15 ドルが渡される。
　(2)　送り手は 15 ドルのうちいくらを受け手に渡すか決める。
　(3)　実験主催者は送り手が受け手に渡す金額を 2 倍にして、受け手に渡す。
　(4)　受け手は送り手に実際にいくら送り返すか選択する。

　伝統的な経済学が仮定するように受け手が自分の利益だけを追及するのであれば、受け手は 1 セントも送り手に送り返さないはずである。そして、そのことを予想すれば、送り手は受け手に 1 セントも送らないという選択をするはずである。しかし、これまでの実験で、送り手は受け手に与えられた金額の 50%

----

20)　実際には彼らは実験参加ペアの半分の組に対して、ステップ 1 と 2 の間に、以下のような約束のステップを入れた。「ペアのもう 1 人（受け手）は送り手からいくらかのお金が送られてきた場合、どのくらいの金額を送り手に送り返すかの約束を選択した紙を渡す（送り手から送られてきた金額と同じだけ送り返します。送り返す金額について約束はできません）」。

程度を送り、受け手も送り手がもともと送った金額程度を送り返す傾向がある
ことが知られている[21]。送り手が自分だけの利益を求めるとすれば 1 セントも
送らないで送り手のみが 15 ドル得て終了するゲームであるが、送り手が受け手
を信用すれば 2 人あわせて最大 30 ドルを得、受け手がその信用に応えれば、送
り手も、もともとの 15 ドルかそれより多くの金額を得る可能性があるのだ。そ
のため、送り手が送る金額は、送り手の他人への信用度合いの指標として、受
け手が送り手に送り返す金額は受け手自身の信用度合いの指標として捉えるこ
とができるのである。

　Glaeser et al.（2000）は、この実験の結果、GSS の質問で人を信用できると
回答しても、送り手として受け手に多くの金額を送る傾向はみられなかった一
方で、ドアの鍵を開けたまま外出することがあると回答した人は送り手として
多くの金額を受け手に送る傾向があることを確認した。また、GSS の質問で他
人は信用できると答えた人が送り手として受け手に送る金額が多い傾向がみら
れなくても、受け手として送り返す金額は多くなる傾向があったため、GSS の
信頼感の質問と本人の信用度合いには相関があることを確認した。つまり、彼
らの結果によれば、GSS の信頼指標はその人の他人への信用度合いではなく、
その人自身の信用度合いを示しており、ドアの鍵を開けたまま外出するといっ
た過去の他の人への信頼した行動は、その人の他人への信用度合いを計測して
いると考えられるのである。

　GSS の一般的な人への信頼感の質問の妥当性を検証した論文として 2 本目に
紹介するのは Anderson et al.（2004）である。彼らは、「公共財ゲーム」とい
う、先に紹介した「信頼ゲーム」と同様に経済学で一般的に使われる実際にお
金の受け渡しを伴う実験を用いて、GSS の一般的な人への信頼感の質問等、ソ
ーシャル・キャピタルの指標として一般的に使われている項目の妥当性を検証
した。その結果、GSS の一般的な人への信頼感の質問を含めて、一般的に使わ
れているソーシャル・キャピタルの指標のほとんどは、「公共財ゲーム」でのチ
ームへの貢献度合いと相関していることが確認された。

　この研究で行われた「公共財ゲーム」の準備として、Anderson et al.
（2004）は参加者を 8 人ずつのグループにした。そして以下の 3 ステップで実験
を行った後、GSS の一般的な人への信頼感の質問等、ソーシャル・キャピタル
の指標として一般的に使われている項目を含めたアンケート調査を行った。

(1) 8 人のメンバーには、それぞれの個人口座とみんなで保有するグループ用
　　口座がある。実験主催者は、8 人のメンバーそれぞれの個人口座に決めら
　　れた金額を入れる[22]。

----

21) Berg et al.（1995）.

図2.4　公共財ゲーム

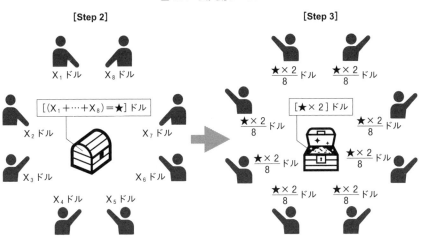

(2) 8人はそれぞれの個人口座から、自分で決めた金額をグループ用の口座に入れる（他のメンバーには自分がグループ用の口座にいくら入れたのかはわからない）。

(3) 実験主催者はグループ用口座に入っている合計金額を2倍にしたうえで、8分の1にして、それぞれの個人用口座に戻す。

　信頼ゲームと同じで伝統的な経済学が仮定するように個々人が自分の利益だけを追及するのであれば、参加者はグループ口座に1セントも送らないはずである。たとえば、8人それぞれの個人口座に7.5ドルが配布された場合、各個人が全額をグループ口座に入れれば、その合計の60ドルが2倍され、8で割った金額である15ドルがそれぞれの個人口座に返ってくる。しかし、自分が1セントもグループ口座には入れず、他の7人が7.5ドルをグループ口座に入れる場合を考えてみる。そうすると、グループ口座に1セントも入れなかった個人は、手元に残った7.5ドルに他の7人がグループ口座に入れた金額の2倍を8で割った金額を加えた金額である約13.1ドルを加えた20.6ドルを最後に手にするのである。つまり、このゲームでは、グループ全体で得られる金額を最大化するためには各個人が全額をグループ口座に入れる必要がある一方、個人の利益を最大化するためにはグループ口座に1セントも入れずに、フリーライダーとなった方がよいということである。

----

22) 始めの配布金額は平均7.5ドルになっているが、別の研究目的のため、金額はグループや個人で異なる設計になっている（Anderson et al. 2004）。

　この「公共財ゲーム」の状況は、実際の社会で起こりうるさまざまな状況を反映している。たとえば、居住地域の地域清掃活動があるとする。自分が清掃活動に参加するということで時間や体力を費やさなくても、他の人が清掃活動に参加すれば、自分はきれいな地域に住むという恩恵を享受するフリーライダーになることができるのだ。こうしたことから、「公共財ゲーム」では、コミュニティ等の集団の共通の利益に対する貢献態度が計測できるのである。

　Anderson et al.（2004）は、GSS の一般的な人への信頼感の質問で人を信頼できると答えた人は、「公共財ゲーム」でグループ用の口座に入れる金額が統計的に有意に多いということを確認し、Glaeser et al.（2000）による一般的な人への信頼感の指標への懸念を和らげる結果となったことを報告している。一方、Glaeser et al.（2000）で確認されたようなドアの鍵を開けたまま外出することがあるか、といった信頼の行動指標については、いくつかの行動指標は「公共財ゲーム」でグループ用の口座に入れる金額と負の関係がみられ、行動指標の方が GSS のような態度指標よりも優れているという結果はみられなかったと報告している。

　「人を信頼できると思うか」といった主観的な質問は妥当なのか。この疑問に対して、上記のような経済学的な実験で、その有効性が確認されてきたのである。

⑵ 集団のソーシャル・キャピタル指標

　個人の回答を集計することによらず、直接的に集団の特徴を捉えるソーシャル・キャピタルの指標についてもさまざまに提案されてきている。たとえば、投票率[23]や、犯罪発生率[24]、政治的デモの回数[25]、吹雪の後に道が除雪されるまでの時間[26]、地域のガソリンスタンドで前払いを要求されるかどうか[27]、住民 100 人当たりの献血数[28]、1km^{2}当たりのボランティア団体の数[29]などがこれまで提案されたり、実際にソーシャル・キャピタルの指標として実証研究で利用されたりしてきた。

---

23) Coffé and Geys（2005）, Aldrich and Crook（2008）.
24) Coffé and Geys（2005）.
25) Aldrich（2012）.
26) Lochner et al.（1999）.
27) Lochner et al.（1999）.
28) Crescenzi et al.（2013）.
29) Crescenzi et al.（2013）.

　ただ、こうした指標は、ある地域のソーシャル・キャピタルの値を客観的に示すというよりは、その地域の文化的な側面を表している傾向が強く、比較可能性が限定的である[30]。そのため、データの制限があるなかでこうした値が実証研究で利用されることはあるものの、ソーシャル・キャピタルの指標としては、一般的には先に説明した個人レベルの回答の集計値の方がより適切な指標であると考えられている[31]。

4.2　ネットワーク・アプローチによるソーシャル・キャピタルの計測

　ネットワーク・アプローチでは、ソーシャル・キャピタルを個人の資源と捉えるため、社会的凝集性アプローチとは異なる計測方法が用いられる[32]。その主な計測方法は、(1) ネームジェネレーター＆ネームインタープリター、(2) ポジションジェネレーター、(3) リソースジェネレーターの3つである。それぞれの特徴は下記の通りである。それぞれの手法に利点や課題があるが、研究者は注目するソーシャル・キャピタルの側面や、検証するアウトカム、コスト等状況に応じて、手法を選択して調査を行ってきている。

(1) ネームジェネレーター＆ネームインタープリター

　ネームジェネレーター＆ネームインタープリターは個人のソーシャル・キャピタルを測定する最も古い方法である。まず、ネームジェネレーターのステップで、「個人的な問題を誰に相談しますか」等の列挙された質問群に対して、回答者が知っている人物の名前を挙げてもらいリストを作成し、次のネームインタープリターのステップで、リストに挙げられた全員の情報を集めるという方法である。

　この方法は、個人のネットワークを詳細に把握できるという利点がある一方で、ネームジェネレーターに含まれる質問の数やリストアップする人数によっては非常に時間がかかり回答者の負担もコストも大きくなる傾向があることや、ネームジェネレーターの質問項目について一般的な合意がなされていないため、

30) Harpham (2002).
31) Harpham (2002).
32) この項の記述は、主に Gaag and Webber (2010) を参考とした。

多くの場合研究結果の比較を行うことが難しいという欠点があることが指摘されている。

⑵ ポジションジェネレーター

ポジションジェネレーターは個人が使うことのできる資源そのものに焦点を当てて、個人のソーシャル・キャピタルを計測する方法である。回答者はまず、10〜30程度のさまざまな職種のリストにある職業に就いている人を知っているかどうかを答え、知っている場合それらの人との関係を答える（家族なのか、友人なのか、知人なのか）。そして、この方法で得られた3つの情報がネットワーク・アプローチでのソーシャル・キャピタルの指標として一般的に用いられている。つながりのあるなかで最も高い職業威信がある人のその高さ、つながりのある職業威信の幅、アクセスされる職業威信の数である。

ポジションジェネレーターはネームジェネレーター＆ネームインタープレターに比べて面接時間が短いため回答者に負担が小さいことと、数値化しやすいという利点があり、多くの研究で使われてきた。一方で、たとえば職業威信が高いと考えられる医師から得られる精神的な支援が、そうではないと考えられる清掃職員から得られる精神的な支援よりもよいものであるとは必ずしも言えず、職業威信を利用することが必ずしもソーシャル・キャピタルの質問として妥当であるとは限らないという欠点もある。

⑶ リソースジェネレーター

リソースジェネレーターは、チェックリストを使って、回答者がリストにある社会的な資源を使うことができるかを問う方法である。たとえば、「1週間以内にコンタクトがとれるDIYに詳しい人を個人的に知っていますか」や、「1週間以内にコンタクトがとれる日本語以外の言葉で話すことができる人を個人的に知っていますか」といった質問がリストには含まれる。この方法は、ネームジェネレーター＆ネームインタープレターのように社会的な資源を明確にすると同時に、ポジションジェネレーターのように安いコストで可能であるという利点がある。一方で、すべての社会的な資源を調査項目に含めることは難しく、効果的な資源は集団によって異なるため、集団によって異なる調査項目が選択される必要があり、その回答傾向も集団によって異なってしまうと

いった課題も指摘されている。

5 ソーシャル・キャピタル研究の課題

5.1　定義・計測方法の多様性

　ソーシャル・キャピタルの実証研究の分野では、ソーシャル・キャピタルは社会構造の資源としての側面（社会的凝集性アプローチ）と個人が自分のネットワークを通してアクセスできる資源としての側面（ネットワーク・アプローチ）の両方を含むもの[33]と捉えられ、双方のアプローチからそれぞれのつながりや要素について研究が行われている。

　また、結束型・橋渡し型のソーシャル・キャピタルの社会的凝集性アプローチとネットワーク・アプローチのそれぞれの視点についても、実際に政策や研究でこの概念が用いられる際には、社会的凝集性アプローチにネットワーク・アプローチの視点を取り入れて、それぞれのソーシャル・キャピタルは同質のグループが持つメンバー同士の結びつき（結束型）もしくは異質のグループとのつながり（橋渡し型）の特徴であり、その特徴のなかにグループ内のメンバーがアクセス可能な資源の種類や量が含まれる形で定義されることもある。

　このように、ソーシャル・キャピタルの定義は1つではないが、本節で紹介した定義の分類とつながりの種類、そして要素の分類がソーシャル・キャピタルの理解や活用に有効であることについては、多くの研究者の間で共通の理解になっている。そのうえで、ソーシャル・キャピタルの役割に関する実証研究では、その計測方法としてさまざまな指標が使われているため、ソーシャル・キャピタルの役割を包括的に捉えるためには今後も多くの実証研究の積み重ねが必要であると言える。

5.2　因果推論の難しさ

　定義や計測方法の多様性は実証研究の積み重ねで改善していくことが可能と考えられる。しかしより大きな課題は、ソーシャル・キャピタルとさまざまな

---

33) Kawachi et al.（2010）, p.4.

アウトカムとの因果関係の把握の難しさである。たとえば、ソーシャル・キャピタルと健康の相関関係を考える。この場合、ソーシャル・キャピタルが高いから健康になるという因果関係の可能性が考えられる一方で、健康であるから人々とのつながりが保てているといった逆の因果関係が存在する可能性も考えられる。また、ソーシャル・キャピタルの影響を正確に把握するためには、教育、能力、収入、職等、ソーシャル・キャピタルと健康の両方に影響を与える変数をすべてコントロールする必要があるが、そうした変数は限りなく多く存在することが想像に難くなく、推定モデルにすべての変数を組み入れてソーシャル・キャピタルの健康への影響を正確に推定することは難しい。

　因果関係の追及のためにはランダム化比較試験（RCT）[34]を行うことが有効であるが、ソーシャル・キャピタルを実験によって外生的に変化させ、そのアウトカムを測定するという方法はほとんど行われてきていない。ソーシャル・キャピタルを変化させる方法自体が明らかになっていないため、そもそもソーシャル・キャピタルを高めるための介入方法の検討が難しいことや、それを高める介入をランダムに行うという政策に対して自治体の理解を得にくいこと、適切な介入が考えられたとしても、ソーシャル・キャピタルの醸成は何年もの長い時間がかかることから非常に長期的な計画が必要なことがその理由として考えられる。

　実際にランダム化比較試験を用いてソーシャル・キャピタルの影響を検証した数少ない例には、Pronyk et al.（2008 a, b）と López Turley et al.（2017）がある。Pronyk et al.（2008 a, b）は、南アフリカ共和国でのマイクロファイナンスのプログラムと HIV の教育プログラムをあわせた介入を行い、その介入がソーシャル・キャピタルを高めて HIV 感染を抑制する効果を検証した。その結果、介入によって高められた認知的ソーシャル・キャピタルは HIV の感染率減少と関連した一方で、介入によって高められた構造的ソーシャル・キャピタルは HIV の感染率の上昇と関連していたことを示した。また、López Turley et al.（2017）は、米国の学校にランダムに取り入れられたソーシャル・キャピタルを高めるプログラムによる介入によって、ソーシャル・キャピタルが子どもの問題行動を減らすという因果関係を示した。

34）詳細は Column ②（57頁）を参照。

ソーシャル・キャピタルを外生的に変化させる実験を行うことが容易ではないなかで、それに代わり因果関係を追及するために、計量経済学的な手法の活用が進んでいる。たとえば、パネルデータを用いた固定効果モデルの推定や操作変数法を用いた推定、自然実験を利用した推定が考えられる。このうち、固定効果モデルを利用した推定では、職場のソーシャル・キャピタルの上昇が死亡率を低下させる結果が報告されている[35]。また、操作変数法を用いた推定では、市民の交流を促進するサロンからの距離を操作変数に用いて、サロンの活動への参加（ソーシャル・キャピタルの向上）が主観的健康を高めている可能性があることが報告されている[36]。さらに、第III節で紹介する筆者らの双葉町のソーシャル・キャピタルとこころの健康の関係の研究は、人々のつながり（ソーシャル・キャピタル）が災害と避難によって外生的に変化させられるという自然実験の状況を活用して、その因果関係に迫る研究である。ソーシャル・キャピタルを具体的な政策に活かしていくためには、こうした因果関係に迫る研究の積み重ねが重要な課題となる。

Column②　因果関係の検証

ソーシャル・キャピタルがアウトカムに及ぼす影響を検証する場合に限らず、ある変数（説明変数）が他の変数（被説明変数）に与える影響を実証するのは容易ではない。実証分析で最もよく用いられる推定方法は「最小2乗法（OLS）」であるが、多くの場合にOLSに必要な前提が成り立たず、因果関係の把握が難しいためだ。OLSで必要な前提が成り立たない主な原因には、①欠落変数バイアス、②同時性バイアス、③観測誤差、④サンプルセレクションバイアスの4つが挙げられる。

①の「欠落変数バイアス」は、説明変数と関係していて被説明変数にも関係している変数が計測できない、データに含まれていない等の理由で推定モデルに含まれていないときに生じるバイアスである。たとえば、教育水準が収入に与える影響を検証したい場合、「能力」という収入にも教育水準にも影響を与えていると考えられる変数が欠落したモデルでは、その影響を正確に捉えることができない。ソーシャル・キャピタルと健康の関係を考える場合では、ソーシ

---

35) Oksanen et al.（2013）.
36) Ichida et al.（2013）.

ャル・キャピタルにも健康にも影響を与える変数は教育水準、性格、能力等無数に考えられることから、すべてをモデルに入れて推定することは困難なため、欠落変数バイアスが生じる可能性があるのである。

②の「同時性バイアス」は、説明変数が被説明変数に影響を与えるのではなく、被説明変数が説明変数に影響を与えていたり、説明変数と被説明変数がお互いに影響を与え合っていたりする場合に起こるバイアスである。ソーシャル・キャピタルと健康の関係を考える場合、ソーシャル・キャピタルが健康を向上させる一方、健康だからつながりを保てていることも想定されるため、同時性バイアスが生じる可能性がある。

③の「観測誤差」は、回答者の入力ミスや記憶違い等で生じる。説明変数に観測誤差がある場合は、たとえランダムなものだとしても、推定量をゼロに近づけるバイアスを生じさせるため、実際には被説明変数に対する説明変数の影響が存在するにもかかわらず、統計的に有意な結果を得られない可能性がある。

④の「サンプルセレクションバイアス」は、アンケート調査や実験に参加するかしないかの選択自体が無作為ではなく、被説明変数と相関している場合に生じるバイアスである。ソーシャル・キャピタルが健康に与える影響を推定するためにアンケート調査を行った場合、健康状態がそもそも悪い人はアンケート調査に答えていないといった場合に生じるバイアスである。

次に、こうしたバイアスに対応して因果関係を検証する方法として、ランダム化比較試験（RCT）、自然実験、固定効果モデル、操作変数法、ヘックマンの2段階推定法の5つの方法を簡単に紹介する[37]。

⑴ ランダム化比較試験（RCT）

①や②のバイアスを生じさせないで厳密に因果関係を把握するのに最も有効な方法として知られるのが、「ランダム化比較試験（randomized controlled trial：RCT）」である。典型的なRCTは以下のように設計される。

(1) 参加者をランダムに、介入を行うトリートメントグループと、介入を行わないコントロールグループに分ける。
(2) 一定期間後にアウトカムを測定する。

たとえば、血糖値を下げる新薬の効果を検証したい場合、参加者をランダムに半分に分けて、本人にはどちらのグループに入ったか伝えないまま、トリートメントグループの人には新薬を飲んでもらい、コントロールグループの人に

---

[37] 詳細な分析方法ついては、Wooldridge（2019）等の計量経済学の教科書を参照されたい。

はプラセボ薬（偽薬）を飲んでもらう。一定期間後に血糖値を計測し、トリートメントグループの人の方が平均的に血糖値が低ければ、新薬は血糖値を下げるという因果関係を証明することになる。

② 自然実験

RCTで因果関係を検証する方法は、厳密な因果関係を検証するのにとても有効な方法であるが、多くの場合でコストが大きいことや、倫理的な問題が生じる可能性があること、あまり大規模な実験は難しい、といった実務上の欠点がある。そこで、研究者がランダムに参加者をコントロールグループとトリートメントグループに分けて介入を行うのではなく、現実に偶然起こったランダムな事象を利用してアウトカムとの関係を推定するのが「自然実験」である。

自然実験で適切にランダム化が行われていれば、①と②のバイアスは生じない。たとえば、くじ引きである進学校に入れるかどうかが決まり、くじに外れた場合は普通の学校へ行くような状況があった場合、その進学校に入れるかどうかはランダムに決まるため、くじに外れた人とくじに当たった人の学力をそれぞれ数年後に調査すれば、進学校に入ることによる学力への影響という因果関係が、普通の学校との差という形で検証できる[38]。自然実験の状況をみつけること自体は難しいが、実際に介入実験を行わないで、観察データを用いて因果関係を検証することができるという強みがある[39]。

③ 操作変数法

RCTや自然実験の状況を用いてランダムにトリートメントグループとコントロールグループへの振り分けを行うことができない場合でも、観察データを用いて因果関係の検証が可能な方法の１つが「操作変数法」である。操作変数法では、①～③のバイアスを除いて因果関係を検証することができる。この手法のポイントを簡単に説明すれば、①～③のバイアスを生じさせている疑いのある変数（内生変数）と相関しているけれども、モデルに含まれている他のコン

---

[38] こうした研究者の計画によらないランダム化は、くじを使った選別の状況の他にも、災害の被害のように予測できない事象への遭遇や、政策変化の前後や政策による適用者の境界等で起こる可能性がある。

[39] ランダム化比較試験においても、自然実験においても、介入がランダムに行われることが必要になるが、介入が完全にランダムでない可能性がある場合には、追加の仮定のもとで差の差法（difference-in-differences：DID）を用いて推定する方法がある。これは、コントロールグループとトリートメントグループのそれぞれの介入前後のアウトカムのデータが必要であり、トリートメントグループの介入前後の変化とコントロールグループの同時期の変化を比較する方法である。詳細は、Angrist and Pischke（2009）等を参照。

トロール変数を調整したうえでは、アウトカム（被説明変数）に直接影響していない変数（操作変数）をみつけることである。操作変数法による推定は、この操作変数を使って2段階で行われる。まず、内生変数を左辺とし、操作変数（とその他のコントロール変数すべて）を右辺として内生変数を予測するモデルを推定し、次にアウトカムを推定する際に、推定した内生変数の値をもとの内生変数の代わりに説明変数として入れたモデルを推定するのである。操作変数法は適切な操作変数がみつけられれば、バイアスを取り除く非常に有効な方法であるが、実際に操作変数をみつけるのはとても難しい。

⑷ 固定効果モデル

　固定効果モデルによる推定は、①の欠落変数バイアスを和らげる方法である。まず、固定効果モデルを使うにはパネルデータが必要である。パネルデータは、ある同一の個人や地域について複数の期間観察したデータである。固定効果モデルはパネルデータを使って、個々人の説明変数の変化によって被説明変数の変化の大きさを説明するために、個々人の時間によって変わらない特性の影響除いた形で推定することができるのである。しかし、時間によって変化する欠落変数がある場合は固定効果モデルを使うだけでは対応できないので注意が必要である[40]。

⑸ ヘックマンの2段階推定法

　ヘックマンの2段階推定法は、サンプリングがランダムに行われておらず、母集団を代表していない可能性がある際に、④のサンプルセレクションバイアスを和らげる方法である。この推定では、被説明変数が観察されるかどうか（データに含まれるかどうか）が別の変数によって決められているという仮定のもと、観察されるかどうかを決定する変数について、母集団全体の情報が必要である。
　これは、次の2段階の推定を行う[41]。まず、この母集団全体についての情報を説明変数として、データに推定したいモデルの被説明変数が含まれているかどうかのダミー変数を被説明変数にしたプロビットモデルの推定を行う。その後、このプロビットモデルの推定結果から得られる「逆ミルズ比」を、もともと推定したいモデルのコントロール変数に追加して推定を行う。この方法では、もともとのアンケート調査等の回答者のデータに含まれていない、推定する母集団全体について回答したかどうかを決定する変数の情報が必要となる。

---

40) 詳細は Angrist and Pischke（2009）等を参照。
41) 詳細は Wooldridge（2019）等を参照。

Ⅱ
ソーシャル・キャピタルと災害

　災害は個人や社会に大きな影響を与えることが知られている。そして近年、従来のインフラの強化による防災・減災・復興ではなく、人々のつながりや情報共有の方法等に注目したソフト面の防災・減災・復興政策の鍵概念として、ソーシャル・キャピタルは注目を集めている。本節では、災害下でのソーシャル・キャピタルに関する代表的な研究結果をソーシャル・キャピタルと復興に関するもの、ソーシャル・キャピタルと健康に関するもの、および災害がソーシャル・キャピタルに及ぼす影響に関するものに分けて紹介する。

1 ソーシャル・キャピタルと復興

　ソーシャル・キャピタルが復興の鍵概念としての役割を持つ可能性があることが、さまざまな研究で示されてきた[42]。ここでは、ソーシャル・キャピタルが復興の鍵概念であることを示した代表的な研究である Aldrich（2012）を紹介する。彼は定量的な手法と定性的な手法の両方を用いて、時間や場所の異なる4つの巨大災害下においてソーシャル・キャピタルが復興に果たした役割を検証した。1923 年の関東大震災と、1995 年の阪神・淡路大震災、2004 年のインド洋大津波、2005 年に米国で発生したハリケーン・カトリーナである。Aldrich（2012）はこれらの4つの災害下で、綿密な定性調査のもとさまざまなソーシャル・キャピタルの指標を用いて高いソーシャル・キャピタルを持つ地域が効率的な復興を果たしたことを実証した。

　まず、関東大震災のケースでは、地区ごとの復興の指標として災害後の1年ごとの人口増加率が用いられ、ソーシャル・キャピタルの指標として投票率と

---

42) Aldrich（2012）, Buckland and Rahman（1999）, Nakagawa and Shaw（2004）, Dynes（2005）, Kage（2010）.

政治的デモの回数を用い、ソーシャル・キャピタルが強くなると1年ごとの人口増加率が上昇したことを示した。

　また、阪神・淡路大震災のケースでは、地区ごとの復興の指標として関東大震災のケースと同様に1年ごとの人口増加率を、ソーシャル・キャピタルの指標として、各区の1年ごとのNPO、あるいは地域に根差した組織の新設数を用いて、ソーシャル・キャピタルが強くなると1年ごとの人口増加率が上昇したことを示した。

　インド洋大津波のケースでは、村ごとの復興の指標として、初期の支援物資を受け取る基準を満たす家族のうち受け取った家族の比率を、ソーシャル・キャピタルの指標として、接触した外部組織（政府とNGO）の数を用いて、政府とNGOの両方と接触した村ではその他の村に比べて初期の支援物質を受け取った家族の比率が高いことを示した。また、個人ごとの復興に関わる指標として家族が受け取った援助金の総額を、ソーシャル・キャピタルの指標として津波発生の前の期間に結婚祝いに使った総額と津波発生前に参加した葬儀の数を用いて、ソーシャル・キャピタルが高い（結婚祝いに使った総額が大きい、参加した葬儀の数が多い）人は受け取った援助金の総額が大きいことを示した。

　最後に、ハリケーン・カトリーナのケースでは、投票率が高い地域では仮設住宅として利用されるトレーラーハウスの設置数が少ない傾向があることを示した。震災後、トレーラーハウスは住宅を失った人に居住場所を提供するために早急に設置が必要であったが、多くの地域が設置を反対するなかで、どこのコミュニティがトレーラーハウスや被災者を受け入れるのかという課題が生まれた。そのなかで投票率が高い（ソーシャル・キャピタルが高いと考えられる）地域はその設置を逃れ、（復興全体のスピードにはマイナスの影響を与えた可能性はあるが）その地域の生活の質が保たれたのである。

2　災害下のソーシャル・キャピタルと健康

　災害は人々の健康に重大な影響を及ぼし、死に追いやることもある。そうしたなかで、ソーシャル・キャピタルは、平時のみならず、災害時においても健康を保つための鍵概念として注目されている。先に紹介したAldrich（2012）の

研究で示されたようにソーシャル・キャピタルによって復興が迅速に行われれば、住民の健康状態にもよい影響がもたらされることが予想される。また、災害直後の対応期においても、ソーシャル・キャピタルからもたらされる社会的サポートや社会統制は死亡や健康悪化を防ぐ可能性が考えられる。実際にこれまでの実証研究では多くの場合、ソーシャル・キャピタルは、災害による身体的・精神的な被害を軽減し、その回復を助ける役割がある可能性があることが示されてきた。しかし、ソーシャル・キャピタルが災害発生日の死亡率を上げたり[43]、つながりの外の人を支援先から排除する等によって[44]、一部の住民の健康被害を大きくしたりする可能性も示唆されていることから、その役割は必ずしもよいものだけとは限らず、今後も実証研究の積み重ねが必要である。

　たとえば、ソーシャル・キャピタルと災害の死亡率の関係については、自治体ごとの犯罪率を代理変数として、ソーシャル・キャピタルが高い（犯罪率が低い）自治体の地域では東日本大震災の津波による死亡率が低い傾向があったことが示された[45]。また、より細かい町・大字レベルのデータを用いた研究でも、ソーシャル・キャピタル（公民館の数、NPO の数、公共施設の数にて推定）が高い地区では津波の死亡率が低かったことが示された[46]。他にも、震災前後の情報を含むパネルデータを用いて、個人レベルのソーシャル・キャピタルが高い人（同居人がいる人や、友達と会うことがある人）は、津波が起こった当日の死亡率は高まるが、友人と会うことがある人は、震災後 3 年以内の死亡率が低くなる傾向があることも示されている[47]。

　また、ソーシャル・キャピタルと災害による健康への被害の関係に関しても、多くの場合ソーシャル・キャピタルは集団レベルにおいても個人レベルにおいても、災害の健康被害を和らげ、回復を促進する可能性があることが示されてきた。筆者らが双葉町の研究を始めた 2013 年当初は、こうした災害下のソーシャル・キャピタルと健康の関係を検証する研究による示唆のほとんどは、災害後にソーシャル・キャピタルと健康に関する質問を行って得られた一時点の

43）Aida et al.（2017）.
44）Aldrich（2012）.
45）Aldrich and Sawada（2015）.
46）Ye and Aldrich（2019）.
47）Aida et al.（2017）.

データを用いた相関関係をもとにしたものであり、そうした研究は世界各国の
災害で行われてきた。たとえば、先にも触れたハリケーン・カトリーナ[48]や、
ナイジェリアの暴動（1995 年）[49]、パキスタン地震（2005 年）[50]、英国モーペ
スの洪水（2008 年）[51]、米国のハリケーン・サンディ（2012 年）[52]、米国のメ
キシコ湾原油流出事故（2010 年）[53]等で、災害後にソーシャル・キャピタルと
健康指標を含む調査が行われ、その相関関係によって、ソーシャル・キャピタ
ルと災害発生後の健康維持の間にポジティブな相関関係があることが示されて
きた。これらの研究で使われたソーシャル・キャピタルの指標は SASCAT や、
助け合いの指標等さまざまで、健康アウトカムについては PTSD（post
toraumatic stress disorder：外傷後ストレス障害）や抑うつのリスクに注目した研
究が多い。

　しかしながら、近年では、相関関係のみでなく、災害下におけるソーシャ
ル・キャピタルと健康アウトカムの因果関係に迫る研究が進んでいる。日本老
年学的評価研究（JAGES）のプロジェクトが東日本大震災や熊本大地震の前に
それらの被災地域で取得していたソーシャル・キャピタルと健康に関する情報
を含むデータがあったことで、そのフォローアップ調査を含めて震災前後の情
報で構築したパネルデータを用いた推定が可能になったことが大きな要因の 1
つである。

　JAGES のデータを用いた研究では、震災前にソーシャル・キャピタルの高
い（地域の人への信頼の高さ、助け合いの頻度の多さ、地域への所属意識の高さに
よって定義）地域に住んでいた人は、震災後の PTSD のリスクが低かったこと
が報告された[54]。また、固定効果モデルを用いた分析により、個人の構造的
ソーシャル・キャピタル（友人と会う頻度、先月友人と会った回数、1 週間当たり
のクラブ活動等の参加頻度）と認知的ソーシャル・キャピタル（地域の人への信
頼・助け合いの頻度、地域への所属意識）の両方が震災による認知機能の低下を

- **48**）Beaudoin（2007, 2011）.
- **49**）Beiser et al.（2010）.
- **50**）Ali et al.（2012）.
- **51**）Wind et al.（2011）, Wind and Komproe（2012）.
- **52**）Lowe et al.（2015）.
- **53**）Gaston et al.（2016）, Rung et al.（2017）.
- **54**）Hikichi et al.（2016）.

防ぐ働きをしたことが報告された[55]。

　他にも、熊本大地震の前後の情報を含むデータを用いた分析では、震災前に認知的ソーシャル・キャピタル（地域の人への信頼、助け合いの頻度、地域への所属意識）が高い地域に住んでいた女性は抑うつリスクが低く、震災前後の認知的ソーシャル・キャピタルの変化についても抑うつ傾向と負の関係がみられるが、震災前に構造的ソーシャル・キャピタル（友人と会う頻度、先月友人と会った回数、1週間当たりのクラブ活動等の参加頻度）の高い地域に住んでいた女性は、抑うつリスクが高く、震災前後の構造的ソーシャル・キャピタルの変化は抑うつ傾向と正の相関があったことが報告されている[56]。

3　災害がソーシャル・キャピタルに及ぼす影響

　災害下でソーシャル・キャピタルの役割を検証するにあたり、「災害によってソーシャル・キャピタルは変化するのか」という疑問が生まれる。たとえば、災害は社会的なインフラを崩すために、人々はコミュニケーションをとることが難しくなる。これは、災害が結束型および橋渡し型のソーシャル・キャピタルを弱める可能性を示唆する。また、ハリケーン・カトリーナや、チリ地震、東日本大震災の後にも避難指示区域等で、略奪・盗難があった。こうした行為が広がることは、地域住民の周りの人への信頼感を下げ、認知的ソーシャル・キャピタルを低下させる可能性がある。一方で、災害後の略奪や盗難といった反社会的な行動の蔓延は、きわめて少ないという研究結果も存在する[57]。また、被災地に多くの人々がボランティアに駆け付けるなど、災害はボランティア精神を高め、被災地と別の地域のつながりを強くする可能性がある。たとえば、東日本大震災後、2011年には約96万人が岩手・宮城・福島の被災3県で活動したことが報告されている[58]。また、2011年の「今年の漢字」には「絆」

---

55) Hikichi et al.（2017）.

56) Sato et al.（2020）.

57) Fischer（1998）.

58) 全社協「東日本大震災ボランティア活動者数の推移」（https://www.saigaivc.com/2017/02/24/東日本大震災ボランティア活動者数の推移/　2020年6月18日アクセス）.

が選ばれ[59]、社会的結束の高まりを感じた人も多いのではないだろうか。こうしたボランティア精神の高まりや、被災地域とその他の地域との新たなつながりの形成は認知的ソーシャル・キャピタルや橋渡し型ソーシャル・キャピタルを高めるかもしれない。ただ、こうした変化は震災直後の短期的なものである場合もあるし、数年後まで影響を与える長期的な影響である可能性もある。双葉町の避難者の女性の方へのインタビューで、震災後の避難所等では毎日食事の準備や周りへの声掛けを行い、とても活動的だったと思うが、避難所から現在の住宅に移り、生活が落ち着いてから、急に何をするにもおっくうになってしまったというお話があった。こうした状況は震災直後のソーシャル・キャピタルの高まりとその後の減少を示している可能性がある。

こうしたさまざまな変化が想定されるにもかかわらず、災害前後を含むソーシャル・キャピタルの変化についての実証研究はこれまで少なく、災害前後の変化についても、その長期的な影響についても、一貫した示唆は得られていない状況である。災害後の結束型ソーシャル・キャピタルの強まりを示唆する有名な研究には、レベッカ・ソルニットによる「災害ユートピア」がある。彼女はサンフランシスコ地震やハリケーン・カトリーナ等さまざまな被災地域への取材から、災害直後は住民がお互いに助け合い、協調行動を行う傾向が強まることを報告した[60]。また、ニューヨークの氷嵐前後でインタビューにより社会的凝集性の状態を測定して、震災後1カ月弱の間には被災者の社会的凝集性が強まった傾向がみられた報告がある[61]。他にも、チリのデータを用いて、地震の大きさが社会的結束を高める傾向がみられたことも報告されている[62]。また、震災後に結束型ソーシャル・キャピタルが高まるメカニズムについて震災被害による現在バイアスの高まりがある可能性があることが報告されている[63]。

こうした災害がソーシャル・キャピタルを高める方向を示す報告がある一方

---

[59] 公益社団法人日本漢字能力検定協会 2011 年「今年の漢字」第 1 位は「絆」(https://www.kanken.or.jp/project/edification/years_kanji/2011.html　2020 年 6 月 18 日アクセス)。

[60] Solnit (2009).

[61] Sweet (1998).

[62] Calo-Blanco et al. (2017).

[63] Sawada and Kuroishi (2015).

で、災害のソーシャル・キャピタルへの影響は常に正ではないことを示唆する報告もある。個人レベルの東日本大震災の被災地での分析では、災害で家をなくした住民が、グループで仲間と一緒に仮設住宅に入居した場合は社会参加で計測されるソーシャル・キャピタルの向上がみられた一方で、個別に仮設入居した人については、社会参加で計測されるソーシャル・キャピタルが減少した傾向があったことが報告されている[64]。他にも、熊本大震災の影響について学区レベルのデータを用いた分析では、地滑り等の被害が大きかった山岳地区では震災後の学区レベルのソーシャル・キャピタルは減少したが、平地で比較的年齢が若い人が多く、人口密度の高い学区では、ソーシャル・キャピタルが強まったことが報告されている[65]。

　また、こうしたソーシャル・キャピタルの変化が一時的なものなのか、長期的なものなのかについてもこれまでの研究では一貫した示唆は得られていない。たとえば、ニューヨークの氷嵐の研究では、震災直後1カ月弱の間は社会的凝集性が強まったが、その後の長期的な影響は認められなかったと報告されている[66]。一方、阪神大震災の研究では震災後5年が過ぎても被災者同士の間に強いソーシャル・キャピタルの存在が確認された[67]。また、国別のデータでは、過去30年間における自然災害が多い国では信頼や政府の質で計測されるソーシャル・キャピタルが高く、それが経済成長につながっている傾向があることが報告されており、この結果はソーシャル・キャピタルの長期的な影響を示唆するものである[68]。第III節で詳しく説明するが、筆者らの双葉町のソーシャル・キャピタルの調査では、双葉町のソーシャル・キャピタルは震災前後で大きく減少し、震災から7年が経った後でもほとんど回復していない状況が示されている。

　このように、これまでの災害のソーシャル・キャピタルへの影響に関する研究報告では、災害のソーシャル・キャピタルの影響が正であるのか、負であるのか、その影響が長期的なのか、短期的なのかも、結果はさまざまである。そ

----
64) Hikichi et al.（2017）.
65) Sato et al.（2020）.
66) Sweet（1998）.
67) Tatsuki and Hayashi（2000）.
68) 外谷（2014）.

の要因について解明を進めるためには、今後も実証研究の積み重ねが必要である。

4 災害下のソーシャル・キャピタルの役割に関する研究の課題

　ソーシャル・キャピタルの役割は、災害の種類や程度、災害復興段階によって、異なる可能性がある。澤田（2014）は、災害を「自然災害」「技術的災害」「経済危機」「暴力的紛争および戦争」の4種類に分け、後者3つを人災と分類している。こうした災害の種類や程度によって個人や社会への影響が異なるため、ソーシャル・キャピタルの役割が異なる可能性があることは想像に難くない。また、災害には災害が発生する前の防災段階、災害発生直後の応急段階、そして災害復旧・復興段階があり、それぞれ異なる課題があるため、ソーシャル・キャピタルの役割も段階ごとに変化することが予想される。さらに、ソーシャル・キャピタルは多面的な概念であることから、たとえば構造的ソーシャル・キャピタルや認知的ソーシャル・キャピタルなどの要素ごとにも、その役割が異なる可能性がある。また、検討すべきアウトカムの種類についても精神的な健康や身体的な健康等さまざまである。さらに、性別や社会経済的な状況によってもソーシャル・キャピタルの役割は異なる可能性がある。

　こう考えると、「災害の種類×復興段階×ソーシャル・キャピタルの種類×アウトカムの種類×社会経済的な状況」について、それぞれソーシャル・キャピタルの役割が検証される必要がある。さらに、ソーシャル・キャピタルは必ずしもよい影響をもたらすわけではなく、負の影響をもたらす状況も観察されていることから、ソーシャル・キャピタルがより一般化して災害政策向上に活かされていくためには、多くの実証研究の積み重ねが必要であることがわかる。これまでは、自然災害下で震災直後の精神的な健康状態をアウトカムとした研究が多く行われてきたが、より長期的な復興段階でのソーシャル・キャピタルの役割や人災下での役割、社会経済的な状況の違いを考慮に入れた役割の違いの検討なども今後の重要な課題である。さらに、さまざまな災害によってソーシャル・キャピタルのそれぞれどういった側面がどのように変化するのか、加えて、そこにはどういった要因が考えられるのかを検証することも重要な課題

である。

　また、因果関係について、先述した日本老年学的評価研究プロジェクトによって震災前のデータを得られたことは、災害下でソーシャル・キャピタルと健康の因果関係を把握するのに多大な貢献があるが、このように震災前の情報が得られる状況は非常にめずらしい。そうした状況のなかで注目されるのが、自然実験や操作変数法の活用である。双葉町では、原発事故による突然の避難で居住地が分散してしまったことにより、外生的に人々のつながりが変化させられてしまった。後述する研究では、そうした自然実験の状態を利用して、ソーシャル・キャピタルとこころの健康の因果関係に迫っている。震災前後のソーシャル・キャピタルや健康に関するデータが手に入らない場合でも、こうした外生的な状況や情報を用いた工夫によって、因果関係に迫る研究が積み重ねられていくことが必要である。

5　災害下のソーシャル・キャピタルの役割に関する研究の意義

　災害被害の大きさや復興のスピードに大きな役割を果たすものとしては従来、インフラの強さやインフラの再建といったハード面が注目されることが多かった。しかし阪神・淡路大震災以降、災害による被害を緩和させたり、復興を促進させたりする人々のネットワークや情報共有のあり方といったソフト面の重要性が注目され、ハードを補助するソフト面の重要性が説かれるようになった[69]。さらに災害研究者は、今後ソフトを最大限に発揮できるような最低限のハードをつくる形が必要になるということも提言している[70]。つまり、防災・減災対策において、これからはソフト面が主流になっていく可能性があることを示唆していると言えるだろう。こうしたなかで、ソーシャル・キャピタルの役割に注目した実証研究は防災・減災対策に重要な視点をもたらす可能性がある。

　また、災害は多くの場合、予期せずに起こり、外生的に人々に影響を与える。

69）磯打（2019）.
70）磯打（2019）.

それが、自然実験の状況をもたらすことで、アウトカムとの因果関係の検証につなげられる可能性もある。災害下でのソーシャル・キャピタルの研究は、この自然実験の状況を活かした因果関係の検証を行うことで、災害下のみならず、ソーシャル・キャピタルの役割に関する研究全体への貢献となりうるのである。

III
双葉町のソーシャル・キャピタルとこころの健康

1 はじめに

　第 II 節で紹介したように、災害下におけるソーシャル・キャピタルの役割に関する研究では、ソーシャル・キャピタルが事前の防災や減災、事後の復興を担う鍵概念であることや、ソーシャル・キャピタルの蓄積は、災害による死亡率の低下や身体的・精神的健康の悪化を防ぐ効果がある可能性があることが示されてきた。しかし、災害前後のソーシャル・キャピタルの変化に注目した研究はまだ多くなく、因果関係に迫る実証研究も積み重ねが必要な状況である。特に、原発事故の避難者にとっては長期化する避難生活のなかでソーシャル・キャピタルの喪失は重大な課題であるが、彼らのソーシャル・キャピタルに関する研究はほとんど存在していない。たとえば、東日本大震災下では、震災前の社会のつながりの強い地域では PTSD のリスクが低かったということが報告されている[71]。しかし、この研究は災害前のコミュニティのつながりの役割に注目しており、災害前後のソーシャル・キャピタルの変化や災害後のソーシャル・キャピタルの役割に注目したものではない。また、宮城県のデータを用いた研究であり、原発事故による直接的な影響の大きかった福島県とは状況が異なる可能性がある。

　そこで本節では、双葉町の復興政策と、そうしたこれまでの研究で取り組まれてこなかった分野への貢献を目的として筆者らが行った、双葉町のソーシャル・キャピタルとこころの健康の関係に関する実証分析を紹介する[72]。この分析では、双葉町のソーシャル・キャピタルが震災によって低下し住民にストレスを与えている、というメカニズムの存在の可能性を定量的に検証した。結果を先取りしてお伝えすれば、震災後に双葉町からの隣人を多く持つことや、

---

[71] Hikichi et al.（2016）.
[72] ここで紹介する実証分析は、Iwasaki et al.（2017）に基づいている。

ボランティア活動やお茶会に参加するといった構造的ソーシャル・キャピタルを持つことは、周りの人への信頼感（認知的ソーシャル・キャピタル）の向上を通して、こころの健康を良好に保つ可能性があることが示された。

　この研究は、災害下のソーシャル・キャピタルの研究分野において、特に4つの貢献がある。1つめは、原発事故という世界でも特徴的な災害下におけるソーシャル・キャピタルの変化とその役割を検証した研究であること。2つめは、災害によってソーシャル・キャピタルがある程度外生的に変化させられたという自然実験的な状況を用いて、そのこころの健康への影響を検証し、ソーシャル・キャピタルとこころの健康の因果関係を示す証拠を提供したこと。3つめは、社会的なつながりの存在はそれだけではなく、信頼感の向上を通して初めてこころの健康に役立つ可能性があるというメカニズムを示したこと。最後に4つめは、これまでほとんどの研究で注目されてこなかった災害中、および災害後のソーシャル・キャピタル保全の重要性を示した点である。

2 双葉町のソーシャル・キャピタルの計測

　双葉町のソーシャル・キャピタルの計測には、内閣府の調査で用いられたソーシャル・キャピタルの測定指標等を含め、過去の研究を参考にして、さまざまな指標を取り入れてきた。表2.7は筆者らが調査票に含めたソーシャル・キャピタル指標の一覧である。調査票には、ボランティア活動やお茶会への参加の有無といった社会参加の指標に加え、双葉町民同士のつながりを捉えるため、避難先での双葉町出身の隣人の数を含めた。この際、震災前からの知り合いと震災後に知り合った人では異なる影響がある可能性も配慮し、それぞれの人数を尋ねた。この他にも、一般的に使われているソーシャル・キャピタルの指標として、一般的な人への信頼感、隣人との助け合いの頻度、隣人への信頼感等を含めた。さらに、こうした態度的な指標のみでなく、鍵を開けたまま外出することがあるか、お金やモノを人に貸すことがあるか、といった行動的な信頼の指標[73]も含めた。

---

73) Glaeser et al（2000）.

表2.7　双葉町調査に含められたソーシャル・キャピタルの指標一覧

変数名	調査票の質問	回答
双葉町民の隣人数（震災後に知り合った）	現在のお住まいの近隣には、双葉町在住時には知り合いでなかったものの、避難を通して同じ双葉町民として知り合った方はどれくらい住んでいらっしゃいますか。	1：20世帯以上 2：10～19世帯 3：6～9世帯 4：3～5世帯 5：1～2世帯 6：いない
双葉町民の隣人数（震災前からの知り合い）	現在のお住まいの近隣には、双葉町在住時知り合いだった双葉町民の方はどれくらい住んでいらっしゃいますか。	（分析ではinterval regressionで推定された連続変数を使用）
ボランティア活動への参加	1週間のうち平均的にボランティア活動を行う時間	数値。 分析では0＜のダミーが用いられた。
お茶会への参加	1週間のうちお茶会などの趣味の会に参加する時間	数値。 分析では0＜のダミーが用いられた。
一般的な人への信頼	一般的に、人は信用できると思いますか。それとも、人と付き合うときには、できるだけ用心したほうがよいと思いますか。	4：ほとんどの場合、信用できる 3：たいていは、信用できる 2：たいていは、用心したほうがよい 1：ほとんどの場合、用心したほうがよい
助け合いの頻度	ご近所付き合いで、世帯主の家族がものをあげたり、手助けしたり、逆にものをもらったり、助けてもらったりという関係はどのくらいありますか。	4：かなりある 3：ほどほどにある 2：あまりない 1：ない
公平感	ほとんどの人は公平にしようとしていると思う。	1：はい 2：いいえ 3：わからない
周りからの信用	自分は周りから信用されていると思う。	1：はい 2：いいえ 3：わからない
隣人への信頼感	近所の人は私が困っていたら手助けしてくれる。	5：よくあてはまる 4：あてはまる 3：どちらともいえない 2：あてはまらない 1：まったくあてはまらない
ドアを開けた外出	ドアを開けたまま外出することがよくある。	1：はい 2：いいえ 3：わからない
友人への貸し	友人にお金やものを貸すことがよくある。	1：はい 2：いいえ 3：わからない

　筆者らの研究では、社会的凝集性アプローチの手法でソーシャル・キャピタルを捉え、つながりの種類としては結束型ソーシャル・キャピタルの役割に注目している。また、認知的なソーシャル・キャピタルと構造的なソーシャル・

キャピタルの両面を捉える調査になっている。社会的凝集性アプローチの手法で町全体の傾向を捉えることは、災害下のこころの健康を守るための介入として集団にアプローチする政策に示唆を与えるために重要であると考えられる。また、予期せぬ災害と避難指示によって、個々人の結束型のつながりが変化させられるという自然実験的な状況を用いて結束型のつながりの役割を検証できることと、災害等の危機的な状況は結束型のつながりを活性化させることが報告されてきていることから[74]、本研究では結束型ソーシャル・キャピタルの役割に注目している。

3 双葉町のソーシャル・キャピタルの現状

　それでは、双葉町のソーシャル・キャピタルは震災前後を含めてどのように変化してきたのだろうか。ソーシャル・キャピタルとして含まれた指標のなかで、ここでは3つの項目に注目してその変化を紹介する。まず、図2.5のように双葉町民の「一般的な人への信頼感」は、震災前後で大きく減少していることがわかる。そして震災後も2013年から2016年にかけて減少傾向であったことがわかる。一般的な人への信頼感の項目は、先に述べた米国のGSSの日本版（JGSS）[75]の調査に含まれており、日本全体の分布も確認することができる。この日本全体の分布でみると、震災後はあれだけ「絆」という言葉があふれていたものの、震災前後で日本全体でも信頼感は減少し、その後もほとんど回復がみられていないことがわかる。

　また、図2.5からは双葉町では2017年の調査からは「たいていは信用できる」という回答が増加し、震災から8年以上が経ち、全体的には日本全体の分布とほとんど変わらないレベルまで回復してきていることも見て取れる。一方で、震災前の双葉町の一般的な人への信頼感は日本全体と比べても非常に高く、その高いレベルまでの回復にはまだまだ時間がかかる可能性がある[76]。

74) Beggs et al.（1996）.

75) JGSSは、1999年から継続して実施されている日本人の意識や行動等に関する質問項目が含まれた総合的な社会調査である。大阪商業大学のJGSS研究センターを拠点に運営されている。

図2.5　双葉町のソーシャル・キャピタルの変化

一般的な人への信頼感

「一般的に人は信用できると思いますか。それとも人と付き合うときは、できるだけ用心した方がよいと思いますか。」

■ ほとんどの場合、信用できる　　■ たいていは、信用できる
■ たいていは、用心したほうがよい　■ ほとんどの場合、用心したほうがよい

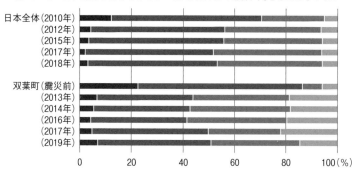

近所の人との助け合いの頻度

■ かなりある　■ ほどほどにある　■ あまりない　■ ない

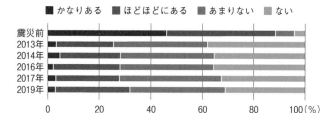

近所の人への信頼感

「近所の人は私が困っていたら手助けしてくれる。」

■ よくあてはまる　■ あてはまる　　どちらともいえない
■ あてはまらない　■ まったくあてはまらない

76）一般的な人への信頼感を含め、すべての双葉町の震災前のソーシャル・キャピタルに関わる変数の値は、震災後の調査で過去の状況を思い出して回答いただいた結果である。

　また、「近所の人との助け合いの頻度」の指標についても、震災前後で大きく減少していることがわかる。2013年からは回復傾向がみられるが、その傾向は非常に緩やかで、震災前の状態への回復にはまだまだ時間がかかる可能性がある。

　さらに、「近所の人への信頼感」についても、震災前後で大きく減少している。2016年以降は少しずつ回復傾向がみられるが、こちらも非常に緩やかな傾向である。ソーシャル・キャピタルの回復には非常に長い時間がかかり、今後もその変化を長期的に注視していくことが重要であると考えている。

4　避難先でのソーシャル・キャピタルの醸成

　避難先の地区の政策や避難先の住民の理解がさまざまに異なるなかで長期化する避難生活では、避難先の住民との新たな関係構築が課題であるというお話を、さまざまな機会に双葉町民の方々からお聞かせいただいた。避難先の新しい土地でのネットワークの醸成は、個々人がアクセスできる社会的資源（ソーシャル・キャピタル）に影響を与えることから、避難者の生活にさまざまな影響を与えていることは想像に難くない。そのため、この状況を捉えることで、ソーシャル・キャピタルの醸成や避難者支援に重要な示唆を得られる可能性がある。

　そこで、2016年の調査からは、避難先の住民の方との関係に関する質問を追加した。図2.6に示されているように、避難先の住民と交流する機会や、避難先の地区で行われている行事へ参加する人の割合は少しずつ増加傾向がみられる。また、双葉町民であることを隠した方がよいと現在も感じている人や、ゴミ出しについて気が引ける思いをされている人、双葉町民であるために悪口を言われたり、いたずらをされたりしている人の割合も減少傾向がみられる。しかし、震災から8年以上が経った2019年の時点でも約40％の方が双葉町民であることを隠した方がよいと感じていたり、避難先の住民と交流する機会を持てていなかったりすることが確認され、避難先の住民との関係構築は、現在も重要な課題であることがわかる。

図2.6　避難先住民の方との関係について

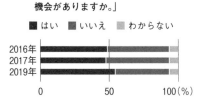

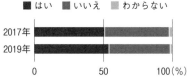

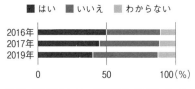

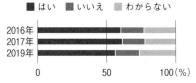

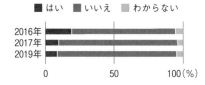

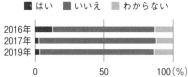

5　ソーシャル・キャピタルとこころの健康の関係

5.1　分析方法と結果

　筆者らは、ソーシャル・キャピタルとこころの健康の間の因果関係を検証するため、突然の避難によって、避難先での双葉町民同士のつながりの多さがある程度外生的に決まったという自然実験的な状況を利用して、双葉町民同士のつながり（双葉町のソーシャル・キャピタル）が避難者のこころの健康に与える影響を検証した[77]。震災によってもたらされたつながりの外生性を活用した

77）分析手法と結果の詳細については章末の補論（81頁）を参照。

図2.7 媒介モデルの推定結果

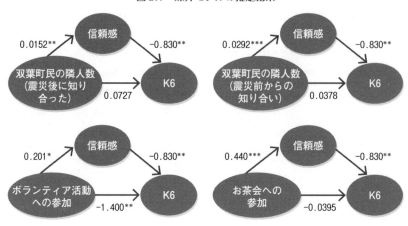

注) *$p<0.10$, **$p<0.05$, ***$p<0.01$.

分析を行うため、この分析では、震災後のソーシャル・キャピタルの変化を捉えることが可能なパネル化したデータではなく、震災後の最も早い段階の調査である2013年の調査データを利用した。

　ソーシャル・キャピタルの変数としては、震災後の双葉町の隣人の数を用いた。震災後の双葉町の隣人の数は、予期せぬ避難によって外生的に変化させられた双葉町のソーシャル・キャピタルの指標と捉えることができるからだ。先も述べたように、もともと知り合いの双葉町民と震災後に知り合った双葉町民とのつながりでは異なる影響を与える可能性があることを鑑み、その2つはそれぞれ別の変数としてこころの健康への影響を検証した。これに加えて、一般的にソーシャル・キャピタルの指標として使われる社会参加の項目としてボランティア活動への参加の有無とお茶会等への参加の有無をソーシャル・キャピタルの指標に含めた。こころの健康の指標には、第1章で説明した「K6」のスコアを用いた。そして、双葉町民同士のネットワークの存在は、信頼感や信頼されているという心理的な状態を媒介としてこころの健康の状態に影響する[78]、というメカニズムを確認するため、媒介分析を使って検証した。

　媒介分析は2つのステップで実施した。まず、第1ステップとして、信頼感

----

78) Cohen et al.（2000）.

や信頼されているという心理的な状態を表す変数を因子分析で導出した。因子分析には、一般的な人への信頼感、隣人との助け合いの頻度、公平感、信頼されている感情、隣人への信頼感、ドアを開けたままにした外出の有無、人への物やお金の貸し借りの有無）が使われた。そのうち、ドアを開けたままにした外出の有無、人への物やお金の貸し借りの有無の2つの変数以外と強く相関した因子が導出された。そして、第2ステップとしてその導出された因子を用いて、媒介変数モデルを検証した[79]。媒介モデルの推定結果は図2.7の通りである。

　分析に使われたソーシャル・キャピタルの4つの指標すべてが、信頼感と統計的に有意な正の相関があることを示している。また、信頼感の因子がK6のスコアと統計的に有意に負の相関を持っていることが示された。さらに、ソーシャル・キャピタルの信頼感を通してK6に与える間接的な影響の有意性に関するテストでも、この間接的な影響が統計的に有意であることが確認された。つまり、4つのソーシャル・キャピタルの指標は、信頼の因子を通して、こころの健康を良好に保つ働きがある可能性があることが示された。

5.2　政策的示唆

　これらの分析結果は、Cohen et al.（2000）が理論化したように、ソーシャル・キャピタルは、信頼感の向上を通してこころの健康に影響を与える可能性があることを示した。東日本大震災後には、被災者が社会的なつながりを保つことで良好なこころの健康を保つことを目的としてさまざまな政策や活動が行われた。たとえば、福島県からの多くの人が避難してきた埼玉県では、災害つながりカフェやおしゃべりサロンといった活動が行われた。津波の被害が大きかった岩手県大船渡市では人々が集まり、自主的に活動する場所として「居場所カフェ」の活動が行われた[80]。本研究は、そうした災害後のソーシャル・キャピタルを保ち、高める活動の効果を定量的に支持する証拠を初めて提供したという貢献があると考えられる。さらに、双葉町のつながりを保つことがこころの健康につながるという筆者らの分析結果は、東日本大震災後の仮設住宅や復興公営住宅の入居の際に取り入れられた、震災前のつながりを保つように

79） 媒介分析の詳細、分析の限界、因子分析の結果については、章末の補論（81頁）を参照。
80） Kiyota et al.（2015）.

配慮した配置での入居方法を支持する結果である。筆者らは、こうした、ソーシャル・キャピタルを高める活動への支援や、仮設住宅・復興公営住宅の入居への配慮はより拡大していくべきであると考えている。

　また、筆者らの分析結果では、信頼感という媒介変数を通さない場合、双葉町の隣人を持つというソーシャル・キャピタルのこころの健康への直接的な影響は確認されなかった。これは、双葉町の隣人を多く持つことは、こころの健康に信頼感を通してポジティブな影響を与えている反面、ネガティブな影響を与える別の要因とも相関している可能性があることを示唆する。今後これらの要因への理解を深めることでより効果的な政策提言につなげていくことができる可能性があると考えている。

　今回の分析では震災発生から最も近い 2013 年のデータで、自然実験の状況を用いて、ソーシャル・キャピタルとこころの健康の関係について分析を行ったが、双葉町の避難は震災から 9 年以上が経った 2020 年現在も続いている。震災後年数が経過するに従って、ソーシャル・キャピタルの役割が変化してきている可能性も考えられる。今後、パネル化したデータを用いて、災害復興段階に応じたその関係の変化についても理解を深める必要がある。さらに、避難先でのソーシャル・キャピタルの醸成についても、それがうまくいっている地域とうまくいっていない地域があることがこれまでのインタビューで示唆されてきており、今後さらに理解を深めていく必要がある。

補論
実証分析の詳細

この補論では、本文で紹介した分析のモデルと結果の詳細について説明する。

1 媒介分析のモデルと結果

媒介分析では、Mackinnon et al.（2002）と Shrout and Bolger（2002）に従って、以下のモデルを推定した。

$$I = \beta_{I0} + \mathbf{S}\beta_{IS} + \varepsilon_I \tag{2.1}$$

$$P = \beta_{P0} + \mathbf{S}\beta_{PS} + \alpha_{PI}I + \varepsilon_P \tag{2.2}$$

ここで、P は、K6 スコアであり、高い値ほどストレスが大きい状態を示す。I は媒介変数で、信頼感を示す因子分析で導かれた因子である。$\mathbf{S}$ はソーシャル・キャピタルの指標で、震災前から知り合いの双葉町出身の隣人数、震災後に知り合った双葉町出身の隣人数、ボランティア活動への参加の有無と、お茶会への参加の有無が含まれる。この媒介分析は図 2.8 のように表すことができる。

この媒介モデルの推定は 3 つのステップで行う。① まず (2.1) 式の推定を行い、β_{IS} が有意であることを確認する。② 次に、(2.2) 式の推定を行い、α_{PI} が有意であることを確認する。③ $\beta_{IS} \times \alpha_{PI}$ というソーシャル・キャピタルのこころの健康への間接的な影響が有意であるか検証する。これらに加えて、(2.2) 式の誘導型モデルを推定することで、ソーシャル・キャピタル以外のこころの健康の決定要因についても分析を行った。

なお、この分析で使われた変数の記述統計は表 2.8 の通りである。

図2.8　媒介分析モデル

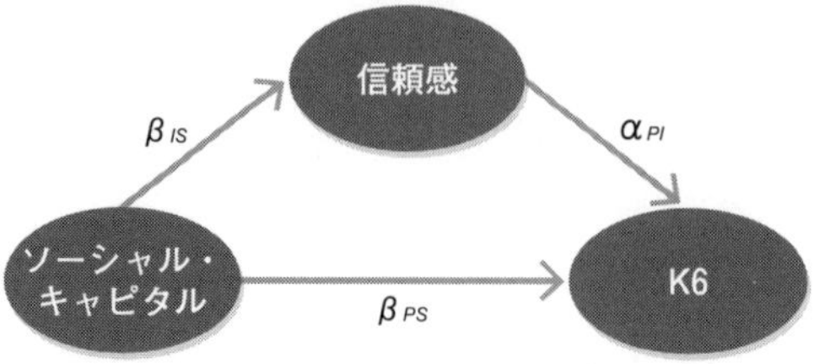

2 分析の限界

　この分析には2つの潜在的なバイアスが考えられる。1つめは、2013年の双葉町アンケート調査のクロスセクションデータが使われていることによる内生性バイアスである。つまり、災害と長期的な避難は多くの人にとって予期できないものであったと思われるが、ソーシャル・キャピタルの変化が災害によって外生的に与えられたと捉えるには限界があり、それぞれの避難者はもともと持っていたさまざまなつながりや避難先の生活環境をみて、避難先を選択している可能性があるということである。2つめは、そのアンケート調査の回答率が20%程度と低いことから考えられるサンプルセレクションバイアスである。

　まず、内生性バイアスを緩和するための処置としては、自治体によって異なる目にみえない生活環境の違いに配慮して、自治体の固定効果を入れたモデルを推定した。また、サンプルセレクションバイアスを緩和するためには、2010年の国勢調査データの性別と年齢データを用いて、ヘックマンの2段階推定法で推定を行った。しかしながら、性別や年齢のみが回答への参加を決める要因というわけではなく、人々とのつながりがなく精神的にストレスを抱えている人はアンケートに参加しづらいという可能性が考えられる。なおこの場合、ソーシャル・キャピタルがこころの健康に及ぼす影響を過小評価してしまっている可能性があることには注意が必要である。

表2.8　記述統計

説明	変数名	観測数	平均	標準偏差	最小値	最大値
被説明変数	K6	524	8.656	6.014	0	24
ソーシャル・キャピタルの変数	双葉町民の隣人数（震災後に知り合った）	583	3.702	6.043	0	22
	双葉町民の隣人数（震災前からの知り合い）	583	3.513	5.452	0	28
	お茶会への参加ダミー					
	無	585	0.421	0.494	0	1
	有	585	0.195	0.396	0	1
	無回答	585	0.385	0.487	0	1
	ボランティアへの参加ダミー					
	無	585	0.451	0.498	0	1
	有	585	0.123	0.329	0	1
	無回答	585	0.426	0.495	0	1
信頼の因子を導出するのに使われた変数	一般的な人への信頼感（震災後）	571	2.317	0.852	1	4
	助け合いの頻度（震災後）	574	1.911	0.853	1	4
	隣人への信頼感（震災後）	564	2.465	1.197	1	5
	ドアを開けた外出（震災後）					
	はい	585	0.050	0.217	0	1
	いいえ	585	0.909	0.287	0	1
	わからない	585	0.014	0.116	0	1
	無回答	585	0.027	0.163	0	1
	友人との貸し借り（震災後）					
	はい	585	0.027	0.163	0	1
	いいえ	585	0.909	0.287	0	1
	わからない	585	0.024	0.153	0	1
	無回答	585	0.039	0.195	0	1
	公平感（震災後）					
	はい	585	0.306	0.461	0	1
	いいえ	585	0.159	0.366	0	1
	わからない	585	0.472	0.500	0	1
	無回答	585	0.063	0.244	0	1
	周りからの信用（震災後）					
	はい	585	0.243	0.429	0	1
	いいえ	585	0.080	0.272	0	1
	わからない	585	0.638	0.481	0	1
	無回答	585	0.039	0.195	0	1

3 因子分析による信頼感の導出

　まず分析の1つめのステップである信頼感や信頼されているという心理的な状態を表す因子を導き出すための因子分析の結果は、表2.9の通りである。この因子は一般的な信頼感や隣人への信頼感、隣人との助け合いの頻度と、強く

表2.8　記述統計（続き）

説明	変数名	観測数	平均	標準偏差	最小値	最大値
コントロール変数	年齢	575	62.967	14.388	24	94
	性別ダミー					
	男性	585	0.774	0.418	0	1
	女性	585	0.210	0.408	0	1
	無回答	585	0.015	0.123	0	1
	居住形態ダミー					
	仮設住宅	585	0.103	0.304	0	1
	親戚宅	585	0.053	0.224	0	1
	借り上げ住宅	585	0.603	0.490	0	1
	震災前とは異なる持家	585	0.106	0.308	0	1
	自費による賃貸	585	0.055	0.228	0	1
	老人ホーム等	585	0.015	0.123	0	1
	騎西高校	585	0.017	0.130	0	1
	社宅	585	0.032	0.177	0	1
	無回答	585	0.016	0.123	0	1
	世帯収入ダミー					
	100万円未満	585	0.159	0.366	0	1
	100万円以上200万円未満	585	0.174	0.380	0	1
	200万円以上300万円未満	585	0.171	0.377	0	1
	300万円以上400万円未満	585	0.144	0.351	0	1
	400万円以上600万円未満	585	0.126	0.333	0	1
	600万円以上800万円未満	585	0.091	0.287	0	1
	800万円以上	585	0.046	0.210	0	1
	無回答	585	0.089	0.285	0	1
	震災前と比べた主観的な健康観の変化ダミー					
	とても良くなった	585	0.007	0.082	0	1
	よくなった	585	0.032	0.177	0	1
	変わらない	585	0.268	0.443	0	1
	悪くなった	585	0.480	0.500	0	1
	とても悪くなった	585	0.109	0.312	0	1
	無回答	585	0.103	0.304	0	1

（注）双葉町の隣人数はもともとカテゴリ変数だが、interval regression を用いて、連続変数として推定し、その変数を分析に用いた。収入には賠償金等は含まれていない。

表2.9　因子分析の結果

変数	因子1の因子負荷量（信頼感）	独自性
一般的な信頼感	0.3376	0.886
助け合いの頻度	0.5957	0.6452
隣人への信頼感	0.6918	0.5214
ドアを開けた外出（はい）	#	0.9808
友人への貸し（はい）	#	0.9845
公平感（はい）	0.4562	0.7919
周りからの信用（はい）	0.5033	0.7467

KMO値＝0.63

（注）# は因子負荷量が0.3より小さいことを示す。固有値が1を超えるものは1つめの因子のみであったので、抽出した因子は1つのみ（Kaiser 1960）。KMO値は Kaiser-Meyer-Olkin 値（Kaiser 1974）で、この因子は意味を持つ因子として許容範囲であることを示している。

相関していることから、信頼感や信頼されているという心理的な状態を示していると考えられる。

4 分析結果

　次に、この導出された因子を媒介変数にした媒介モデル (2.1) 式と (2.2) 式の推計結果は、表 2.10 の通りである（ヘックマンの 2 段階推定で、自治体の固定効果含む）。まず、モデル (2.1) 式の推定結果は、分析に使われたソーシャル・キャピタルの 4 つの指標すべてが、信頼感と統計的に有意な正の相関があることを示している。さらに、(2.2) 式の推定結果は、信頼感の因子が K6 のスコアと統計的に有意に負の相関を持っていることが示された。加えて、$\beta_{IS} \times \alpha_{PI}$ の間接的な影響に関するテストでも、この間接的な影響は統計的に有意であることが確認された。

表2.10　ソーシャル・キャピタルとこころの健康の関係

| | (2.1) 被説明変数:
I（信頼感） | | (2.2) 被説明変数:
P (K6) | |
	(a)	(b)	(c)	(d)
I（信頼感）			-0.903*** (0.333)	-0.830** (0.331)
S（双葉町民の隣人数:震災後に知り合った）	0.020*** (0.007)	0.015** (0.007)	0.103** (0.051)	0.073 (0.050)
S（双葉町民の隣人数:震災前からの知り合い）	0.026*** (0.007)	0.029*** (0.007)	0.0277 (0.056)	0.038 (0.054)
S（ボランティア活動への参加）	0.211** (0.104)	0.201* (0.107)	-0.178 (0.812)	-1.400* (0.813)
S（お茶会への参加）	0.304*** (0.088)	0.440*** (0.094)	-0.936 (0.688)	-0.040 (0.740)
逆ミルズ比	0.016 (0.085)	0.210 (0.144)	-0.389 (0.653)	0.516 (0.973)
コントロール変数	固定効果	固定効果 + コントロール 変数の セット	固定効果	固定効果 + コントロール 変数の セット
N	5691	5678	5671	5660
Wald 統計量	142.35	307.83	100.88	275.94
p値	0.0000	0.0000	0.0001	0.0000

（注）表中の数値は回帰係数、（・）内は標準誤差。推定モデルには自治体ごとの固定効果が含まれる。この他にも、列（b）と列（d）の推定モデルには、居住地の種類、教育、性別、現在の世帯収入、震災前の世帯収入、年齢、震災前の一般的な信頼感、震災前の助け合いの頻度、震災前の隣人への信頼感、震災前のドアを開けた外出、震災前の友人への貸し、震災前の公平感、震災前の周りからの信用、震災前のボランティア活動への参加、震災前のお茶会への参加の変数が含まれた。S（双葉町民の隣人数：震災後に知り合った）と、S（双葉町民の隣人数：震災前からの知り合い）の連続変数の作成には interval regression が用いられた。また、Wald 統計量は切片以外のすべての推定値がゼロであるという帰無仮説を検定するもので、この結果は帰無仮設を強く棄却する。モデルには切片の推定値の他、県と福島県内の市の固定効果が含まれているが、係数の掲載は省略した。また、2010 年の「国勢調査」のデータ（性別と年齢階級）を用いて観察できる回答者と非回答者の情報を用いてヘックマンの2段階推定を用いている。*p<0.10, **p<0.05, ***p<0.01.

参考文献

磯打千雅子（2019）「過去の災害経験をふまえた地区防災計画の今後」、地区防災計画学会ソーシャ
　ル・キャピタル研究会主催シンポジウム「地区防災計画づくりとコミュニティのソーシャル・キャ
　ピタル」（日本大学法学部10号館）での講演。

稲葉陽二（2007）『ソーシャル・キャピタル――「信頼の絆」で解く現代経済・社会の諸課題』生産性
　出版。

稲葉陽二（2011）『ソーシャル・キャピタル入門』中公新書。

カワチ・イチロー＝高尾総司＝スブラマニアン・S. V.（2013）『ソーシャル・キャピタルと健康政策
　――地域で活用するために』日本評論社。

澤田康幸（2014）「グローバル社会と巨大災害・リスク」澤田康幸編『巨大災害・リスクと経済』日本
　経済新聞出版社：13-39。

杉澤秀博・近藤尚己（2015）「社会関係と健康」川上憲人・橋本英樹・近藤尚己編『社会と健康――健
　康格差解消に向けた統合科学的アプローチ』東京大学出版会：209-232。

全社協被災地支援・災害ボランティア情報（2018）「東日本大震災　岩手県・宮城県・福島県のボラン
　ティア活動者数（2018年3月掲載）」社会福祉法人全国社会福祉協議会（https://www.saigaivc.
　com/2017/02/24/東日本大震災ボランティア活動者数の推移/　2020年6月26日アクセス）。

外谷秀樹（2014）「自然災害のマクロ経済への長期的インパクトについて――ソーシャル・キャピタル
　を通じた影響に焦点を当てて」『巨大災害・リスクと経済』日本経済新聞出版社：79-102。

内閣府国民生活局（2003）「ソーシャル・キャピタル――豊かな人間関係と市民活動の好循環を求め
　て」（https://www.npo-homepage.go.jp/toukei/2009izen-chousa/2009izen-sonota/2002social-
　capital）

藤澤由和・濱野勉・小籔明生（2007）「ソーシャル・キャピタル概念の適応領域とその把握に関する研
　究」『新潟医療福祉学会誌』7(1): 26-32。

Aida, J., Hikichi, H., Matsuyama, Y., Sato, Y., Tsuboya, T., Tabuchi, T., Koyama, S., Subramanian, S. V.,
　Kondo, K., Osaka, K. and Kawachi, I.（2017）"Risk of Mortality During and After the 2011 Great East
　Japan Earthquake and Tsunami Among Older Coastal Residents," *Scientific Reports*, 7(16591).

Aldrich, D. P.（2012）*Building Resilience*, Chicago: The University of Chicago Press.

Aldrich, D. P. and Crook, K.（2008）"Strong Civil Society as a Double-Edged Sword: Siting Trailers in Post-
　Katrina New Orleans," *Political Research Quarterly*, 61(3): 378-389.

Aldrich D. P. and Sawada, Y.（2015）"The Physical and Social Determinants of Mortality in the 3. 11
　Tsunami," *Social Science and Medicine*, 124: 66-75.

Ali, M., Farooq, N., Bhatti, M. A. and Kuroiwa, C.（2012）"Assessment of Prevalence and Determinants of
　Posttraumatic Stress Disorder in Survivors of Earthquake in Pakistan Using Davidson Trauma Scale,"
　Journal of Affective Disorders, 136(3): 238-243.

Anderson, L. R., Mellor, J. M. and Milyo, J.（2004）"Social Capital and Contributions in a Public-Goods
　Experiment," *American Economic Review*, 94(2): 373-376.

Angrist, J. D. and Pischke, J. -S.（2009）*Mostly Harmless Econometrics: An Empiricist's Companion*,
　Princeton University Press.

Arrow, K. J.（1972）"Gifts and Exchanges," *Philosophy and Public Affairs*: 343-362.

Beaudoin, C. E.（2007）"News, Social Capital and Health in the Context of Katrina," *Journal of Health Care
　for the Poor and Underserved*, 18(2): 418-430.

Beaudoin, C. E.（2011）"Hurricane Katrina: Addictive Behavior Trends and Predictors," *Public Health
　Reports*, 126(3): 400-409.

Beggs, J. J., Haines, V. and Hurlbert, J. S.（1996）"The Effects of Personal Network and Local Community
　Contexts on the Receipt of Formal Aid During Disaster Recovery," *International Journal of Mass
　Emergencies and Disasters*, 14(1): 57-78.

Beiser, M., Wiwa, O. and Adebajo, S.（2010）"Human-Initiated Disaster, Social Disorganization and Post-
　Traumatic Stress Disorder above Nigeria's Oil Basins," *Social Science & Medicine*, 71(2): 221-227.

Berg, J., Dickhaut, J. and McCabe, K. (1995) "Trust, Reciprocity, and Social History," *Games and Economic Behavior*, 10: 122-142.

Buckland, J. and Rahman, M. (1999) "Community-Based Disaster Management during the 1997 Red River Flood in Canada," *Disasters*, 23(2): 174-191.

Calo-Blanco, A., Kovářík, J., Mengel, F. and Romero, J. G. (2017) "Natural Disasters and Indicators of Social Cohesion," *PLoS One*, 12(6): e0176885.

Coffé, H. and Geys, B. (2005) "Institutional Performance and Social Capital: An Application to the Local Government Level," *Journal of Urban Affairs*, 27(5): 485-501.

Cohen, S., Underwood, L. G. and Gottlieb, B. H. (2000) *Social Support Measurement and Intervention: A Guide for Health and Social Scientists*, Oxford University Press.

Coleman, J. S. (1990) *Foundations of Social Theory,* Harvard University Press.

Crescenzi, R., Gagliardi, L. and Percoco, M. (2013) "Social Capital and the Innovative Performance of Italian Provinces," *Environment and Planning A,* 45(4): 908-929.

De Silva, M. J., Harphamb, T., Tuanc, T., Bartolinid, R., Pennyd, M. E. and Huttlya, S. R. (2006) "Psychometric and Cognitive Validation of a Social Capital Measurement Tool in Peru and Vietnam," *Social Science & Medicine,* 62(4): 941-953.

Dynes, R. (2005)"Community Social Capital as the Primary Basis for Resilience" University of Delaware, Disaster Resource Center.

Fischer, H. W. (1998) *Response to Disaster: Fact Versus Fiction & Its Perpetuation: The Sociology of Disaster*, University Press of America.

Fukuyama, F. (1995) *Trust: The Social Virtues and the Creation of Prosperity*, Free Press.

Gaag, M. V. and Weber, M. (2010) "Measurement of Individual Social Capital," in Kawachi, I., Subramanian, S. V. and Kim, D. eds., *Social Capital and Health*, Springer: 29-49.

Gaston, S., Nugent, N., Peters, E. S., Ferguson, T. F., Trapido, E. J., Robinson, W. T. and Rung, A. L. (2016) "Exploring Heterogeneity and Correlates of Depressive Symptoms in the Women and Their Children's Health (WaTCH) Study," *Journal of Affective Disorders*, 205:190-199.

Glaeser, E. L., Laibson, D. I., Scheinkman, J. A. and Soutter, C. L. (2000) "Measuring Trust," *Quarterly Journal of Economics,* 115(3): 811-846.

Harpham, T., Grant, E. and Thomas, E. (2002) "Measuring Social Capital within Health Surveys: Key Issues," *Health Policy and Planning,* 17(1): 106-111.

Harpham, T. (2010) "The Measurement of Community Social Capital Through Surveys," in Kawachi, I., Subramanian, S. V. and Kim, D. eds., *Social Capital and Health,* Springer: 51-62.

Hikichi, H., Aida, J., Tsuboya, T., Kondo, K. and Kawachi, I. (2016) "Can Community Social Cohesion Prevent Posttraumatic Stress Disorder in the Aftermath of a Disaster? A Natural Experiment From the 2011 Tohoku Earthquake and Tsunami," *American Journal of Epidemiology,* 183(10): 902-910.

Hikichi, H., Tsuboya,T., Aida, J., Matsuyama, Y., Kondo, K., Subramanian, S. V. and Kawachi, I. (2017) "Social Capital and Cognitive Decline in the Aftermath of a Natural Disaster: A Natural Experiment from the 2011 Great East Japan Earthquake and Tsunami," *Lancet Planet Health,* 1(3): E105-113.

Hudson, L. and Chapman, C. (2002) "The Measurement of Social Capital in the United States", Paper prepared for the OECD-ONS International Conference on Social Capital Measurement, London.

Ichida, Y., Hirai, H., Kondo, K., Kawachi, I., Takeda, T. and Endo, H. (2013) "Does Social Participation Improve Self-Rated Health in the Older Population? A Quasi-Experimental Intervention Study," *Social Science & Medicine*, 94: 83-90.

Iwasaki, K., Sawada, Y., and Aldrich, D. P. (2017) "Social Capital as a Shield Against Anxiety Among Displaced Residents from Fukushima," *Natural Hazards*, 89(1): 405-421.

Kage, R. (2010) "Making Reconstruction Work: Civil Society and Information after War' s End," *Comparative Political Studies*, 43(2): 163-187.

Kaiser, H. F. (1960) "The Application of Electronic Computers to Factor Analysis," *Educational and Psychological Measurement*, 20:141-151.

Kaiser, H. F. (1974) "An Index of Factor Simplicity," *Psychometrika*, 39: 31-36.

Kawachi, I., Subramanian, S. V. and Kim, D. (2010) "Social Capital and Health: A Decade of Progress and Beyond," in Kawachi, I., Subramanian, S. V. and Kim, D. eds., *Social Capital and Health,* Springer: 1-28.

Kiyota, E., Tanaka, Y., Arnold, M. and Aldrich, D. P. (2015) "Elders Leading the Way to Resilience," World Bank Conference Paper Series.

Knack, S., and Keefer, P. (1997) "Does Social Capital Have an Economic Payoff? A Cross-Country Investigation," *Quarterly Journal of Economics*, 112(4): 1251-1288.

La Porta, R., Lopez-de-Silanes, F., Shleifer, A. and Vishny, R. W. (1997) "Trust in Large Organizations," *American Economic Review*, 87(2): 333-338.

Lin, N. (2001) *Social Capital: A Theory of Social Structure and Action*," Cambridge University Press. (筒井淳也他訳『ソーシャル・キャピタル──社会構造と行為の理論』ミネルヴァ書房、2008年)

Lochner, K., Kawachi, I. and Kennedy, B. P. (1999) "Social Capital: A Guide to Its Measurement," *Health & Place*, 5: 259-270.

López Turley, R. N., Gamoran, A., McCarty, A. T. and Fish, R. (2017) "Reducing Children's Behavior Problems through Social Capital: A Causal Assessment," *Social Science Research*, 61: 206-217.

Lowe, S. R., Sampson, L., Gruebner, O. and Galea, S. "Psychological Resilience after Hurricane Sandy: The Influence of Individual- and Community-Level Factors on Mental Health after a Large-Scale Natural Disaster," *PLoS One*, 10(5): e0125761.

MacKinnon, D. P., Lockwood, C. M., Hoffman, J. M., West, S. G., and Sheets, V. (2002) "A Comparison of Methods to Test the Significance of the Mediated Effect," *Psychological Methods*, 7: 83-104.

Muniady, R. A., Mamun, A. A., Rosli Mohamad, M., Yukthamarani Permerupan, P., and Binti Zainol, N. R. (2015) "The Effect of Cognitive and Relational Social Capital on Structural Social Capital and Micro-Enteprise Performance," *Sage Open*, 5(4): 1-9.

Nakagawa, Y. and Shaw, R. (2004) "Social Capital: A Missing Link to Disaster Recovery," *International Journal of Mass Emergencies and Disasters*, 22(1): 5-34.

OECD (2001) *The Well-being of Nations The Role of Human and Social Capital*.

Oksanen, T., Kawachi, I., Kouvonen, A., Takao, S., Suzuki, E., Virtanen, M., Pentti, J., Kivimäki, M. and Vahtera, J. (2013) "Workplace Determinants of Social Capital: Cross-Sectional and Longitudinal Evidence from a Finnish Cohort Study," *PLoS One*, 8(6): e65846.

Pronyk, P. M., Harpham, T., Morison, L. A., Hargreaves, J. R., Kim, J. C., Phetla, G., Watts, C. H. and Porter, J. D. (2008a) "Is Social Capital Associated with HIV Risk in Rural South Africa?" *Social Science & Medicine*, 66(9): 1999-2010.

Pronyk, P. M., Harpham, T., Busza, J., Phetla, G., Morison, L. A., Hargreaves, J. R., Kim, J. C., Watts, C. H. and Porter, J. D. (2008b) "Can Social Capital Be Intentionally Generated? A Randomized Trial from Rural South Africa," *Social Science & Medicine*, 67(10): 1559-1570.

Putnam, R. D. (1993) *Making Democracy Work: Civic Traditions in Modern Italy*, Princeton University Press. (河田潤一訳『哲学する民主主義──伝統と改革の市民的構造』NTT出版、2001年)

Putnam, R. D. (2000) *Bowling Alone: the Collapse and Revival of American Community*, Simon & Schuster. (柴内康文訳『孤独なボウリング──米国コミュニティの崩壊と再生』柏書房、2006年)

Rung, A. L., Gaston, S., Robinson, W. T., Trapido, E. J. and Peters, E. S. (2017) "Untangling the Disaster-Depression Knot: The Role of Social Ties after Deepwater Horizon," *Social Science & Medicine*, 177: 19-26.

Sato, K., Amemiya, A., Haseda, M., Takagi, D., Kanamori, M., Kondo, K. and Kondo, N. (2020) "Post-Disaster Changes in Social Capital and Mental Health: A Natural Experiment from the 2016 Kumamoto Earthquake," *American Journal of Epidemiology*, kwaa041.

Sawada, Y. and Kuroishi, Y. (2015) "How to Strengthen Social Capital in Disaster Affected Communities? The Case of the Great East Japan Earthquake," in Sawada, Y. and Oum, S. eds., *Disaster Risks, Social Preferences, and Policy Effects: Field Experiments in Selected ASEAN and East Asian Countries'*, ERIA Research Project Report FY2013, No.34, ERIA: 163-199.

Shrout, P. E. and Bolger, N. (2002) "Mediation in Experimental and Nonexperimental Studies: New Procedures and Recommendations," *Psychological Methods*, 7: 422-445.

Solnit, R. (2009) *A Paradise Built in Hell: The Extraordinary Communities That Arise in Disaster*, Viking Adult. (高月園子訳『災害ユートピア——なぜそのとき特別な共同体が立ち上がるのか』亜紀書房、2010 年)

Story, W. T., Taleb, F., Ahasan, S. M. M. and Ali, N. A. (2015) "Validating the Measurement of Social Capital in Bangladesh: A Cognitive Approach," *Qualitative Health Research*, 25(6): 806-819.

Sweet, S. (1998) "The Effect of a Natural Disaster on Social Cohesion: A Longitudinal Study," *International Journal of Mass Emergency and Disasters*, 16(3): 321-331.

Tatsuki, S., and Hayashi, H. (2000) "Family System Adjustment and Adaptive Reconstruction of Social Reality among the 1995 Earthquake Survivors," *International Journal of Japanese Sociology*, 9(1): 81-110.

Tsuruta, K., Shiomitsu, T., Hombu, A. and Fujii, Y. (2019) "Relationship between Social Capital and Happiness in a Japanese Community: A Cross-Sectional Study," *Nursing and Health Sciences*, 21(2): 245-252.

Uphoff, N. (2000) "Understanding Social Capital: Learning from the Analysis and Experience of Participation," in Dasgupta, P. and Serageldin, I. eds., *Social Capital: A Multifaceted Perspective*, World Bank: 215-252.

Wind, T. R. and Komproe, I. H. (2012) "The Mechanisms that Associate Community Social Capital with Post-Disaster Mental Health: A Multilevel Model," *Social Science & Medicine*, 75(9): 1715-1720.

Wind, T. R., Fordham, M. and Komproe, I. H. (2011) "Social Capital and Post-Disaster Mental Health," *Global Health Action*, 4.

Wooldridge, J. M. (2019) *Introductory Econometrics: A Modern Approach*, 7th ed., South-Western.

Ye, M. and Aldrich, D. P. (2019) "Substitute or Complement? How Social Capital, Age and Socioeconomic Status Interacted to Impact Mortality in Japan's 3/11 Tsunami," *SSM - Population Health*, 7: 100403.

第 3 章

多面的な喪失がこころに及ぼす影響
損失回避行動の自然実験

はじめに

　2002 年ダニエル・カーネマン、2013 年ロバート・シラー、そして 2017 年リチャード・セイラー。行動経済学の発展に貢献した研究者たちのノーベル経済学賞の受賞が追い風となり、行動経済学への注目が高まっている。行動経済学は、伝統的な経済学が仮定する完全合理的な人間像では説明できない人間の行動パターンを、人間の合理性は限定的であるという立場から、主に心理学の視点を取り入れて実験・実践を通じて検証し、理論化してきた分野である。たとえば、完全合理的な人間像では説明できない、寄付などの利他的な行動パターン、時間によって異なる選好パターン、そして、リスクがあるなかでの行動パターンなどがこれまで行動経済学の分野で研究されてきた。

　なかでも、リスクがあるなかでの人間の行動パターンをモデル化した有名な理論が、カーネマンとエイモス・トヴァスキーによって提唱された「プロスペクト理論」である。セイラーは特に、その特徴である「損失回避性」[1]を、行動経済学で最も重要な概念のうちの 1 つとして挙げている[2]。この理論はさまざまな現実社会の現象をうまく説明することに用いられてきた一方で、これまで因果関係の検証のために使われてきたのは、主に大学生を対象とした実験室実験であったため、現実社会での因果関係の検証が課題である。実験室実験の結果を現実社会で検証するには、フィールド実験や自然実験を用いる方法がある。特に大規模な自然実験は、外的妥当性の検証にも有効であることに加えて、フィールド実験では設計が難しい人々にとってよくない影響を捉えることができる。他にも、これまでの研究は多くの場合、1 つの側面についての利得や損失状況を検証してきており、多面的な損失や利得に関する検証が少ないという課題が残されている。

　一方で、災害は同時多発的な喪失体験である[3]。公衆衛生学の分野では、災害下による多様な喪失は人々のこころの病気と関係していることが知られてい

----

1) 簡単に言えば、人が利得よりも損失を大きく感じるという傾向。詳細は本章第 I 節を参照。

2) Thaler（2016）では最も重要な概念として 3 つ挙げられており、損失回避性以外の 2 つの概念は、「自信過剰」と「セルフ・コントロール」である。

3) 村上（2012）。

る。前章で紹介した福島県双葉町のソーシャル・キャピタルの役割に関する研究は、社会的なつながりやサポートの喪失とこころの健康（メンタルヘルス）の関係を検証した結果と捉えることができる。もちろん、災害によって被災者が喪失する可能性があるものは、そうした社会的なつながりだけではない。家族や大切な人を失ってしまうこともあるし、年収の減少、家を含む財産の喪失、そして、自分自身の健康の悪化も考えられる。反対に、災害による生活環境の変化によって年収が増えたり、同居家族が増えたり、健康状態がよくなったりする可能性もあるだろう。しかし、災害下の喪失とこころの関係に関する研究が多く行われてきた医学および公衆衛生学の分野の研究では、具体的な財の喪失の影響に関する研究が少ないことや、損失と利得の側面の両方を検証した研究がほとんどないという課題が残されている。

　災害は偶然に発生し、外生的に人々が持つさまざまな財を変化させる自然実験的な状況であるとみなすことができる。そのため、災害下における具体的な財に関する損失と利得の影響を検証することは、プロスペクト理論の実証研究として行動経済学の分野の発展に貢献するだけでなく、公衆衛生学の災害下のこころの健康分野における課題に貢献し、防災・減災政策や介入政策に重要な示唆を与える可能性があると考えられるのだ。そこで、筆者らは双葉町のデータを用いて、災害前後の同居家族の人数、住居面積、健康状態、および年収の４つの側面の変化とこころの関係を検証した。災害下で具体的な財の変化がこころに与える影響を現実社会で検証することは、防災・減災政策や災害後の介入政策に重要な示唆を与える可能性があるからである。

　本章では、まず第Ⅰ節でプロスペクト理論の概要を紹介し、第Ⅱ節で災害下における喪失とこころの関係についてのこれまでの研究を概観する。そして、第Ⅲ節で双葉町のデータを用いて行った自然実験アプローチによる損失回避性の検証結果を紹介する。

Column ③　因果関係を探るための実験の種類

　因果関係を探るために重要な役割を果たすのが、前章でも登場したランダム化比較試験（RCT）である。被験者をコントロールグループとトリートメントグループにランダムに分けてトリートメントグループにのみ介入を行い、コン

トロールグループとトリートメントグループのアウトカムの比較を行うことで、介入の効果を厳密に検証ができる。こうした実験には、大きく分けて「実験室実験」「フィールド実験」「自然実験」の3種類がある。ここでは、それぞれの実験の概要と特徴を簡単に紹介する。どの実験にも利点と欠点があり、さまざまな種類の実験の積み重ねによって、一般的な示唆につながると考えられる。

(1) 実験室実験

　実験室実験は、実験室のなかで介入を行う実験である。被験者のランダム化を正確に行い、介入も実験室というコントロールされた空間で行うことができるので、正しく介入の効果が検証できるのが利点である。その特徴を活かして、これまでさまざまな仮説検証に用いられてきた。

　一方、その弱点は現実社会への適応性である。つまり、実験室内で観察された行動が、実際に現実社会でも観察されるとは限らないということである。たとえば、被験者が被験者であるということを意識すること自体が行動を変容させる可能性があること（ホーソン効果）が、これまでの研究で指摘されてきた。他にも、これまで行われてきた実験室実験の被験者に偏りがあることが指摘されている[4]。すなわち多くの実験室実験が欧米の大学生を対象に行われており、高い教育を受けた西洋人の裕福な家庭の子どもに偏っているということである。このような特徴から、実験室実験での理論の検証は重要であるが、その結果の現実社会への適応性に限界があると考えられる。

(2) フィールド実験

　フィールド実験は実験室のなかではなく、実際の現場（フィールド）で行う実験である。実験室実験と同様に参加者をランダムにコントロールグループとトリートメントグループに分けて介入を行うが、異なるのはフィールドで実際に意思決定を行う人に参加してもらうという点だ。その内容については、実験室実験と同じようにお金の受け取りを選択してもらうような設計にすることもできるし、より現実の行動選択に近い形で参加者が普段行っている作業等に実験的な要素を組み入れる形で設計することもある[5]。たとえば、労働者が参加者の場合、トリートメントグループの人には一定以上の作業完了でボーナスを与えるとする。このような設計ではボーナスによる生産性の向上を検証することができる。他にも、個人レベルのみでなく、地域をランダムに振り分け、トリートメントグループに政策的な介入を行い、そのアウトプットを比較すること

---

4) Henrich et al.（2010）.
5) フィールド実験の種類や歴史、課題に関する議論は Levitt and List（2008）を参照。

で、政策の影響を検証するという設計も行われてきている。

　フィールド実験では、このように設計によって実際の意思決定を行う人の行動をフィールドで確認することができる。しかし、一方で倫理上の理由等からほとんどの場合、実験参加者は実験参加者であるということを意識しているので、先述したホーソン効果の影響を受ける可能性がある。また、多くの場合は特定の地域で行われるため、その地域の文化等が結果に影響を与える可能性がある。こういったことから、フィールド実験では実験室実験に比べて実際に意思決定を行う人の行動を実際の状況に近い環境で捉えられる一方で、その結果の一般化については限界がある。また、実験室実験でも同様だが、人々によくない影響を及ぼすことが想定されるような実験はできないという制限もある。

(3) 自然実験

　自然実験は、現実社会のなかで意図せずにランダム化が行われた状況を使って、観察データを用いてそのアウトカムを比較する方法である。つまり、研究者によるコントロールグループとトリートメントグループのランダムな振り分けではなく、自然に発生したランダム化とみなせる状況を用いるのである。たとえば、ある健康プログラムに参加できるかどうかがくじ引きで決まっている状況があるとする。このランダム化の状況を用いて、プログラム参加者とくじ引きに外れた人の健康状態を比較することで、この健康プログラムの効果を検証することができる。くじを使った選別の状況の他にも、災害の被害のように予測できない事象への遭遇や、政策変化の前後や政策による適用者の境界等でもランダム化が起こる可能性がある。自然実験では、ランダム化を研究者の手で行っていないため、まず、理論的にも観察可能なデータからも、ランダム化が正確に行われているかを確認する必要がある。

　自然実験では、ランダム化が起こっているかどうかを正確に確認する必要があるというハードルがある一方、自然に起こった事象の観察データを用いるので、実験室実験やフィールド実験で懸念されるようなホーソン効果の影響を受ける可能性は考えにくい。また先にも述べたように、実験室実験やフィールド実験では倫理的な背景から人々によくない影響を与える実験が難しい一方で、自然実験では人々へのよい影響、よくない影響も捉えられる可能性があるという利点がある。しかし、やはりその地域の文化等が与える影響についてはコントロールできないため、分析結果の一般化については限界がある。そのため、さまざまな種類の実験が積み重なっていくことが、一般化には重要と考えられるのである。

I
損失とこころの関係を示すプロスペクト理論とは

1 プロスペクト理論

　プロスペクト理論は、冒頭で述べたようにカーネマンとトヴァスキーによって提唱された[6]、行動経済学の代表的な理論である。この理論は、リスクがあるなかでの人々の行動パターンをモデル化したもので、あるものに対する主観的な価値を示した「価値関数」を用いて、その特徴を捉える[7]。プロスペクト理論の価値関数の特徴は「参照点依存性」「損失回避性」「感応度逓減性」の3つである。

1.1　参照点依存性

　1つめの特徴である参照点依存性は、あるものの主観的な価値はその絶対的な価値ではなく、参照点からの距離によって決まるというものである。たとえば、オリンピックのメダルの価値を考えてみる。金メダルを目標にしていた選手（金メダルが参照点）が銀メダルを獲得したときに感じる主観的な喜び（価値）よりも、メダル獲得は叶わないかもしれないと考えていた選手（メダルが獲得できない状況が参照点）が銅メダルを獲得したときに感じる主観的な喜び（価値）の方が大きい状況が考えられる。これは、メダルの色の絶対的な価値ではなく、参照点との違いによって主観的な感じ方が異なっている状況を示している。

1.2　損失回避性

　2つめの特徴である損失回避性は、価値関数が参照点で折れ曲がっており、

---

[6] Kahneman and Tversky（1979）.

[7] 価値関数の他に、プロスペクト理論のもう1つの柱として「確率加重関数」がある。これは、小さな確率は大きく感じ、大きな確率は小さく感じるということを関数で示したものであるが、本書では詳細は省略する。

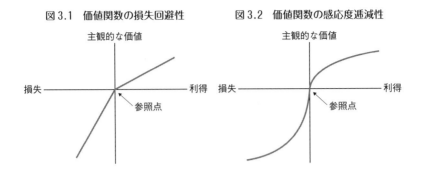

図3.1 価値関数の損失回避性　　　図3.2 価値関数の感応度逓減性

損失局面の傾きの方が利得局面の傾きより急になっていることで示される（図3.1 参照)。これは、何かを得たときに感じる主観的な価値の大きさと、同じものを失ったときに感じる主観的な価値の大きさを比べると、何かを失ったときに感じる価値の大きさの方が大きいことを示している。

　たとえば、50% の確率で 200 万円がもらえるけれど、50% の確率で 100 万円を支払わなければならない賭けがあるとする。この賭けの期待値は 50 万円（200 万円 × 0.5 ＋ マイナス 100 万円 × 0.5）なので、賭ける人にとって有利な条件である。しかし、多くの人は「参加しない」という選択をするのではないだろうか。これは、200 万円もらえることによる喜びよりも 100 万円失うことによる悲しみの方を大きく捉える傾向、つまり、損失回避性によるものと考えられる。

1.3　感応度逓減性

　3 つめの特徴である感応度逓減性は、利得局面、損失局面ともに参照点に近いほど傾きが急で垂直に近くなる一方、離れるほど緩やかで次第に水平に近くなっていくことで示される。つまり、図3.1で示した損失回避性を表した価値関数をさらに広い視点でみると全体で S 字型の曲線を描くことになるという特徴である（図3.2 参照)。これは利得局面において、1 万円もらえることと 2 万円もらえることの主観的な価値の違いは、101 万円もらえることと 102 万円もらえることの主観的な価値の違いよりも大きいことを示している。つまり、どちらも同じ 1 万円の増加であるが、もらえる金額が 1 万円から 2 万円に増えたときのうれしさの度合いは、もらえる金額が 101 万円から 102 万円に増えた

図 3.3　損失局面と利得局面での感応度

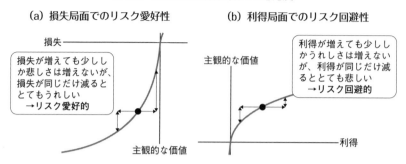

(a) 損失局面でのリスク愛好性　　　　(b) 利得局面でのリスク回避性

ときのうれしさの度合いよりも大きいということである。同様に損失局面にお
いても、1万円の損失が2万円の損失になったときの悲しみの度合いの方が、
101万円の損失が102万円の損失になったときの悲しみの度合いよりも大きい
ことを示す。図3.2は、図3.1をより遠くから広い視点でみて、参照点依存性
と損失回避性に加えて、感応度逓減性を織り込んだ場合の価値関数だと言える。

　感応度逓減性は、損失局面でのリスク愛好性と利得側面でのリスク回避性を
示唆する。たとえば、100万円を必ず受け取ることができる選択と、50%の確
率で200万円がもらえ、50%の確率で何ももらえないくじに参加する選択が
あるとする。この場合、多くの人が100万円を必ず受け取るという選択をする
のではないだろうか。一方、100万円を必ず支払わなければならない選択と、
50%の確率で200万円を支払わなければならないが、50%の確率で何も支払
わなくてよいくじに参加するという選択があるとする。先ほどの選択では100
万円を受け取ると答えた人でも、この場合は後者のくじへの参加を選択する人
もいるのではないだろうか。

　この状況は、価値関数の感応度逓減性で説明できる。つまり、価値関数は参
照点から十分離れるほど緩やかで次第に水平に近くなっていくので、損失局面
ではさらなる損失による悲しみは小さく感じられるが、損失を小さくすること
によるうれしさの度合いは大きく評価されるため、リスク愛好的になる（図
3.3 (a) 参照）。一方、利得局面ではさらなる利益を得ることによるうれしさは
小さく感じられるけれど、利益が減ることによる悲しみは大きく感じられるた
めにリスク回避的になると説明できる（図3.3 (b) 参照）。

2　プロスペクト理論の実験による確認

　それでは、プロスペクト理論の価値関数はどのような実験で実証されてきたのだろうか。ここでは参照点依存性と損失回避性の確認と、感応度逓減性の確認に分けて紹介する。

2.1　参照点依存性と損失回避性の実験による確認

　損失回避性は、実際のお金の支払いを伴う実験室実験で実証されている。たとえば、50％ の確率で 5 フランを支払い 50％ の確率で 8 フランをもらえるくじがある場合、このくじの期待値は 1.5 フラン（マイナス 5 フラン × 0.5 ＋ 8 フラン × 0.5）なのでくじに参加する人に有利なくじと言える。しかし、42 人のうち 27 人（約 64％）はこのくじに参加しないという選択をしたという研究結果がある[8]。これは、8 フランもらえることによる喜びよりも 5 フラン失うことによる悲しみの方を大きく捉える傾向、つまり、損失回避性によるものと考えることができる。

　他にも、損失回避性が原因と考えられる「保有効果」が、実験室実験によって確認されている。保有効果とは、自分が保有しているものの価値を他の人が考える価値より高く評価する傾向である。保有しているものを失うことによる悲しみは大きく感じるが、同じものを得るときの喜びは小さく感じるという点で、プロスペクト理論の価値関数の損失回避性で説明することができる現象である。保有効果を実証した有名な実験室実験はマグカップの実験である[9]。まず、実験参加者はランダムに 2 つのグループに分けられ、1 つのグループに分けられた人にはマグカップが配布される。そして、マグカップを配布されたグループの参加者は、いくらならそのマグカップを売るか回答し、マグカップを配布されなかったグループの参加者は、いくらならそのマグカップを購入するかを回答する。その結果、マグカップを配布されなかったグループの参加者がつけたマグカップの購入金額の中央値は 2.25 ドルであったのに対し、マグカ

8）Fehr and Goette（2007）.
9）Kahneman et al.（1990）.

ップを配布されたグループの参加者がつけたマグカップの売却金額の中央値は
その約2倍の5.75ドルだった。マグカップが配られた人は、配られなかった
人に比べてその価値を大きく感じたことが確認されたのである。

損失回避性が影響していると考えられる保有効果は、実験室実験のみでなく
フィールド実験でも確認されている。ここでは、スポーツカード・ショー（ス
ポーツカードのコレクターが集まるカードの販売・交換会）で2種類の同等の記念
品を用意し、アンケート調査に協力してもらう際に2つのうち1つをお礼とし
て渡し、アンケート調査を記入し終えた後に、もう1つの記念品と交換するか
を協力者に尋ねた研究を紹介しよう[10]。2つの記念品は同等なので、保有効果
が存在しないのであれば、50%程度の人は交換を希望することが予想される。
しかし、この実験の結果、これまでトレーディング経験があまりない人では、
6.8%の人しか交換を希望しなかった。これは、すでに受け取った記念の価値
を大きく感じているという保有効果の表れであると考えられる。一方、トレー
ディング経験が豊富な人では46.7%の人が交換を希望し、トレーディング経
験によって、保有効果が薄れる可能性があることを確認した。

2.2 感応度逓減性の実験による確認

次に、プロスペクト理論における価値関数の感応度逓減性の特徴を確認した
実験を紹介する。プロスペクト理論を提唱したカーネマンとトヴァスキーは、
以下のような2つの状況を仮定した質問で感応度逓減性を確認した[11]。

[質問1] 1000ポイントを受け取った後、AとBのどちらを選ぶか。
　A：50%の確率でさらに1000ポイントがもらえるが、50%の確率で何も
　　　もらえないくじに参加する。
　B：確実に500ポイントをもらう。
[質問2] 2000ポイントを受け取った後、CとDのどちらかを選ぶか。
　C：50%の確率で1000ポイント失うが、50%の確率で何も失わないくじ
　　　に参加する。
　D：500ポイントを必ず失う。

----

10) List（2003）.
11) Kahneman and Tvaski（1979）.

　質問1は70名の学生を対象に質問され、質問2は別の68名の学生を対象に質問された。実際に、AとCの組合せ、BとDの組合せは最終的にはまったく同じ状況を示しているが、質問の結果、質問1では16%の人しかAを選択しなかったのにもかかわらず、質問2では69%の人がCを選択した。これは損失局面と利得局面で人々のリスク選好が変わる（損失局面ではリスク愛好的になり、利得側面ではリスク回避的になる）という感応度逓減性の性質が確認されたことを示している。

3　プロスペクト理論の現実社会への応用

　プロスペクト理論の特徴である参照点依存性、損失回避性および感応度逓減性は、それぞれさまざまな現実社会の現象の説明に用いられてきた。多くの場合、参照点依存性と損失回避性のみ、もしくは感応度逓減性のみが切り取られてさまざまな場面で用いられている。ここでは、住宅売買、ファイナンス、労働供給、スポーツ、選挙、求職活動、消費行動の7つのテーマに分けて、プロスペクト理論による現実社会のさまざまな現象の説明の具体例を紹介する。

3.1　住宅売買
　住宅販売について、予測される売買価格が所有者のもともとの購入価格よりも低い場合には、販売価格が予測される売買価格より高く設定される傾向があることが確認されている[12]。家の販売価格を決める際に、その家の所有者はもともとの購入金額を参照点としているため、もともとの購入金額よりも予測される売却価格が低い場合には、その価格よりも販売価格を高く設定する傾向があると考えられる。そのため、この現象は、損失回避性の表れと考えることができるのである。

3.2　ファイナンス
　先進諸国における株式のリターンは、国債等の安全資産に比べて数十年の長

---

[12] Genesove and Mayer（2001）.

期的な単位でみると非常に高いことが知られている。投資家は一般的にはリスクを嫌うため、通常の利回りにリスク・プレミアムが上乗せされることで、安全資産よりもリターンが高い状況になるのは自然であるが、このリスク・プレミアムは非常に大きく、投資家に非常に大きなリスク回避性がないと説明できないことが指摘されている[13]。このような状況は「株式プレミアムパズル」と呼ばれている。この状況の有力な説明の1つとして、プロスペクト理論の損失回避性が用いられている[14]。この説明では、数十年の長期ではなくて1年程度の近視眼的な視野で投資を行う損失回避的な投資家を想定すると、株式のリターンが非常に高くなることを現実的に説明できるとしている。このような性質は、「近視眼的損失回避性」と呼ばれている。

　ファイナンスの分野におけるもう1つの重要なプロスペクト理論の活用には、「ディスポジション効果」（投資家が値上がり益については、すぐに利益を確定するのに対し、値下がり損については損失を確定しようとせずに長く保有する現象）の説明がある。標準的なファイナンス理論では、売り買いは将来的な価値に基づいて行われるはずで、過去の購入価格に基づくことはないと考えられる。また、現在の課税制度に基づいて考えても、多くの国で損失は課税額から控除できるため、損失を確定しないのは合理的な判断ではない。それにもかかわらず値下がり損が出ている銘柄を長期に保有しようとする傾向があることの有力な説明としてプロスペクト理論の感応度逓減性が用いられている[15]。株価が購入時よりも上がっている場合は利得局面にあるため、投資家はリスク回避的となり、利益を確定させる。一方、株価が購入時よりも下がっている場合は損失局面にあるため、投資家はリスク愛好的となり、将来の上昇をねらって株を保有し続ける傾向があると考えることができるのである[16]。

----

13) Mehra and Prescott（1985）.

14) 多田（2014）。

15) Odean（1998）、三隈（2005）。

16) ディスポジション効果のプロスペクト理論による説明は一般的に知られている一方で、別の要因等を考慮に入れるとプロスペクト理論ではその効果が説明できない可能性があることも報告されており（Barberis and Xiong 2009；Hens and Vlcek 2011）、プロスペクト理論とディスポジション効果の関係についての議論は現在も続いている状況である。

3.3　労働供給

　一般的には雨や雪の日は晴れの日に比べてタクシーの需要が大きく、タクシー運転手が得られる時間当たり所得は高くなると考えられる。時間当たり所得が高いのであれば、タクシー運転手はそういった日に長く働くことが予想される。しかし、米国ニューヨーク市のタクシー運転手は雨や雪の日には勤務時間を短くする現象が観察された。そして、時間当たり所得が高くなることが予想されるにもかかわらず、短い時間しか働かないという状況が起こる理由について、タクシー業者が暗黙のうちに日々の目標売上を定めていることが挙げられることが報告されている[17]。つまり、日々の売上目標を参照点として、それより低い所得（損失局面）になることを避けるために、晴れの日に長く働く傾向がみられると考えられるのである[18]。

3.4　スポーツ

　スポーツのパフォーマンスでもプロスペクト理論の特性は確認されてきている。たとえばプロのゴルフ大会のパット数のデータを用いた研究では、ゴルファーはバーディーやイーグルをねらうパットは、パーもしくはダブルボギーを防いでボギーをねらうパットよりも、正確性に欠けることが確認された[19]。これは、選手が各ホールのパーの数を参照点として、それよりも打数が多くなること（損失）を避けるために、パーショットでは集中力を高めていることを示唆しており、損失回避性と整合的であると考えることができる。

　また、プロテニス選手が参加するテニストーナメントでのサーブの情報を用いた研究では、選手は負けている場面では、よりリスクの高い（スピードが速い）サーブを打つ傾向があることが確認された[20]。これは、損失局面でリスク

---

[17]　Camerer et al.（1997）.

[18]　タクシー運転手が実際に雨の日に働く時間が短いのは、ただ雨の日は濡れやすいから働きたくないといった、労働需要以外の要因があることも考えられる。そこで、厳密に因果関係を確認するためにフィールド実験や、実験室実験を組み合わせた分析（Fehr and Goette 2007）、多面的な参照点を用いたモデルによる分析（Crawford and Meng 2011）等が行われてきた。それぞれの研究に課題はあるものの、これらの一連の研究は全体として労働供給量と時間当たり所得の関係がプロスペクト理論と整合的であることを示している。

[19]　Pope and Schweitzer（2011）.

[20]　Anbarci et al.（2018）.

愛好性が高まるというプロスペクト理論の感応度逓減性の特徴と整合的な結果
である。

　さらに、フルマラソンのゴールタイムのデータを用いた研究では、4時間、
4時間半、5時間といったきりのよい数値ぎりぎりのところでゴールする人が
多い傾向が捉えられている。この傾向は、これらのきりのよい時間を参照点と
してそれ以上の時間にならない（損失局面にならない）ように走る傾向の現れ
であると捉えられ、損失回避性と整合的であると考えることができる[21]。

3.5　選挙

　経済状況が選挙の結果に影響を与えることは、これまでさまざまな研究で示
されてきた。日本を含めて、世界各国で行われてきた選挙の研究から、一般的
に選挙が景気拡大期に行われる場合には現職や与党の候補者にとって有利であ
る一方で、景気後退期の場合には不利になることが知られている[22]。この関
係の一部は、プロスペクト理論の感応度逓減性の特徴で説明できることが、過
去の研究で示されている[23]。この研究では、他の国々に比べてよい経済状況
が予想される利得局面では、人々はリスクの小さい経済政策を支持するが、他
の国々に比べて悪い経済状況が予想される損失局面では、リスクの大きい経済
政策への支持が高まる傾向があることを確認した。つまり、経済状況と人々の
経済政策の選択の関係がプロスペクト理論の予想と整合的であることを示した。

　経済政策の選択を、現職候補と新人候補の選択に当てはめて考えてみる。現
職候補に比べて新人候補は、人々の認知度が低いことが多く、良くも悪くもこ
れまでの経済の傾向を大きく変化させる可能性がある点で、リスクが大きい選
択と考えられる。一方で、現職候補は新人候補に比べてよく知られていて現在
の状況を大きく変化させる可能性は小さいという点で、リスクが小さい選択と
考えられるだろう。そのため、景気後退期には、人々のリスク愛好性が高まる
ことで、新人候補にプラスの影響を与える（現職候補にマイナスの影響を与え
る）と考えられるのである。

---

[21]　Markle et al.（2018）.

[22]　平野（1998）。

[23]　Quattrone and Tversky（1988）.

3.6　求職活動

　失業直後の人々の消費水準の参照点は、前職の収入に基づいたものであると考えられる。一方、失業期間が続くと、人々の消費水準の参照点は徐々に失業後の失業保険受給額に基づいたものに変化していく可能性がある。ハンガリーの失業保険のデータを用いた研究では、失業直後に人々は損失をカバーするために求職努力をし、失業期間が長くなるとその努力が減少していくことが確認された[24]。さらに、ハンガリーの政策変更によって失業保険による給付金額が2段階（全体で9カ月の失業保険給付期間のうち、失業直後の約3カ月はその後の6カ月失業保険の給付金額より大きい設計）になった際には、失業保険の給付金額が減少する直前直後において、求職努力が高まることが確認された。この現象はプロスペクト理論による参照点依存性と損失回避性と整合的であると考えられる。

3.7　消費行動

　プロスペクト理論は人々のさまざまな消費行動の特徴の説明にも用いられてきた。たとえば、生涯の消費行動について、収入の変化が起こったときに消費の変化が起こるまでの間には時間的な遅れがあることや、一生の消費量の変化をグラフで捉えると山型になること、退職によって消費が減少することが、期待値を参照点としたプロスペクト理論で説明されてきた[25]。まず、収入の変化と消費の変化の間に時間的なズレがあることについては、予期しなかった収入減少が起こった際に、消費を減らさなければならないという損失を回避するために、将来消費の期待値が下がるときまで消費を減らさなければならないという損失を遅らせているからだと考えられるのである。

　また、一生の消費量の変化が山型になる、つまり、若年期には消費量が増加し高齢期には減少していくことについては、予防的な貯蓄行動への選好と選好の時間的矛盾によって説明することができる。まず、人々は若年期には損失回避性から、将来の消費の損失を防ぐために貯蓄をするかもしれない。しかし、感応度逓減性の特徴によって、ある程度貯蓄ができれば、利得局面で傾きが小

----

[24]　DellaVigna et al.（2017）.
[25]　Pagel（2017）.

さくなっていく。反対に大きな損失を経験すれば、それ以上の損失への反応も小さくなっていく。いずれにしても、貯蓄への選好は小さくなっていくと考えられる。

　貯蓄への選好が減少すれば、人々は消費を増やすことになる。この際、選好の時間的矛盾によって人々は消費過大に陥ることが予想される。つまり、消費を増やす際には、現在の期待値を所与として、将来の消費増加の際の期待値を検討する。しかし、実際にその将来が訪れるとその時点での期待値が所与となって、もともとの期待値以上の消費の増加によるうれしさについてのみに基づいて検討してしまう。そのため、人々は時間が経つにつれて、実際の最適な値よりも消費を大きくしてしまう傾向があるのである。つまり、若年期では損失回避による貯蓄行動によって消費は低く抑えられるが、その必要性が感応度逓減性によって減少していくと、消費水準の参照点の時間による変化によって、消費過大になっていき、それが、結果的に老年期での消費の減少につながると考えることができるのである。

　また、プロスペクト理論は退職による消費減少を説明するのにも用いられる。退職後の収入は一般的に退職前までの状況で決まっているため、将来の収入の不明確さがもたらす消費過大は止まる。退職後の収入が決まっているということは現在の消費過大は将来の消費の損失を意味するため、人々は将来の損失を防ぐために消費を抑制するようになると考えられるのである。

　消費行動については他にも、ガソリンの値段が上がった場合には、人々は質の低い安いガソリンで代替するようになり、その傾向は所得効果では説明できないほど強いことが確認されているが、その説明にもプロスペクト理論が用いられている[26]。ガソリンの値上がりが起こると、人々はガソリン以外の商品の消費の減少という損失を回避するために、質の低い安いガソリンで代替することで、ガソリンの値上がりがガソリン以外の消費の減少につながらないようにすると考えられるのだ。

---

26) Hasting and Shapiro（2013）.

4 実際に損失や利得を経験した際の効用

　プロスペクト理論は、予測される損失や利得の感じ方の大きさに関する価値関数を用いて、人々のリスク下の行動を予測する理論として発展し、さまざまな現象の説明に用いられてきた。また、その理論の有効性はさまざまな実験室実験で確認されてきた。一方で、実際に損失や利得を経験した際の人々の効用（幸福度）の変化を検証した実証研究は多くない。しかし、予想される損失や利得についての感じ方と、実際に損失や利得を経験した際の効用の変化は異なる可能性があることから、その検証は重要である。

　損失や利得を経験した際の効用や行動の変化を検証した数少ない例には、収入と幸福度の関係の研究と、収入と業績の関係の研究がある。収入と幸福度の関係については、収入の増加で高まる幸福度の大きさと、収入の減少によって下がる幸福度の大きさを比較し、収入の減少によって下がる幸福度の大きさの方が大きいことが確認された[27]。これは、人々はリスクがあるなかで損失を大きく感じるだけではなく、実際に損失に直面した場合にもプロスペクト理論の価値関数で示されるように損失に大きく反応する可能性があることを示している。

　また、収入と業績に関する研究では、収入が期待値より低かった場合に下がる業績の程度が、収入が期待値より高かった場合に上がる業績の程度よりも大きいことが示されている[28]。これは、米国のニュージャージー州で警察労働組合と当局間で給与額の合意ができなかった場合に、最終的には両者から提出されたオファーをもとに仲裁者が給与額を決定するという状況（final-offer arbitration）を活用した研究である。期待される収入（警察官がオファーした給与額）を参照点として、実際の収入（仲裁者が決定した給与額）が低かった場合、検挙率等で表される業績が低くなることが確認されたのである。一方、実際の収入の方が高かった場合に上がる業績の程度は実際の収入の方が低かった場合に下がる程度よりも小さかったことから、収入と業績を高める努力の間に損失回避

---

27) Boyce et al.（2013）.
28) Mas（2006）.

的な関係が存在することが示唆されたのである。

5 プロスペクト理論の実証研究が直面する課題

　これまで紹介したように、プロスペクト理論は現実社会のさまざまな事象の説明に活用されてきた。しかし、因果関係を捉えた現実社会での実証研究（フィールド実験や自然実験）が少ないこと、多面的な損失や利得を考慮した検証がほとんどないこと、そして、プロスペクト理論はリスクがあるなかでの行動パターンとして発展しているが、実際に損失や利得が起こった際の効用への影響に関する実証研究が少ないことが、その課題として挙げられる。

　現実社会での因果関係の確認に関して、これまで紹介した現実社会での応用例は、プロスペクト理論を使って説明ができる可能性のある現象であるが、多くの場合、損失や利得の程度がランダムに割り当てられているわけではないため、損失や利得ではない別の要因が損失回避性や効用の低下を示す原因になっている可能性が考えられる。先に紹介した現実社会でのプロスペクト理論の応用例のなかで、実際に自然実験やフィールド実験を用いて因果関係に迫る研究には、政策変化の自然実験の状況を活用した求職行動の例や、final-offer arbitration という自然実験の状況を活用した収入と業績の関係の例が挙げられる。今後もこうした因果関係に迫る実証研究の積み重ねが必要である[29]。

　また、人々はリスクがあるなかで判断を迫られたとき、多くの場合、さまざまな側面の利得や損失を多面的に判断していることが考えられるが、そうした多面性に注目した研究はほとんど存在していない。こうしたなかで、筆者らの双葉町のデータによる分析は、災害による自然実験の状況を用いることで因果関係を示す現実社会の証拠として、また、実際に損失や利得を経験した際のプロスペクト理論の価値関数の有効性を検証する実証分析の蓄積としての貢献が期待されるのだ。

----

[29] 因果関係を妨げるバイアスと因果関係に迫るための研究方法は、第2章の Column ②（57頁）参照。

II
災害下の喪失とこころの健康の関係

　災害によるこころの状態悪化のリスク要因は、①災害前のリスク要因、②被災状況によるリスク要因、③災害後のリスク要因の3つに分けて考えることができる。そして、筆者らの研究で注目する災害による喪失は、被災後の生活にストレスを与えるものであり、③のリスク要因として捉えられる。

　本節ではまず、これまでに取り組まれてきた災害による喪失とこころの健康の関係に関する研究の主要な分野である医学、および公衆衛生学において災害後に確認される、さまざまなこころの病気、および災害によるこころの健康悪化のリスク要因の概要を確認しつつ、筆者らの研究の位置づけを明確にする。そのうえで、災害下におけるさまざまな財の喪失とこころの関係に関する先行研究を紹介する。

1 災害後に観察されるこころの状態の変化

1.1　回復力[30]

　さまざまな衝撃的な経験をしても、多くの人はそうした経験にうまく対処するため、こころの病気には発展しない[31]。こうした対処能力は「回復力」として知られている[32]。その場合でも衝撃的な経験によるこころの症状の変化がまったくないというわけではなく、回復力はそうした症状からもとの状態に戻る能力を示している。より回復力のある個人は精神的な苦痛を感じる時間が短く、速やかに衝撃の前の状態に戻るということである[33]。実際に災害後のさまざまな研究で、人々の回復力の存在が確認されてきた[34]。回復力を確認

---

30) この項は、主に Goldmann and Galea（2014）に基づいている。
31) Breslau et al（1998）.
32) Norris et al.（2009）.
33) Norris et al.（2009）, Klein（2003）.
34) Norris et al.（2009）, Mancini and Bonnanno（2006）.

した研究の多くはクロスセクションデータを用いたものであるが、近年ではパ
ネルデータを用いて時系列的にこころの病気が減少したことを捉えることで回
復力を確認した研究結果も発表されてきている[35]。

1.2　PTSD

　PTSD は「外傷後ストレス障害（post traumatic stress disorder）」の略語で、
「生死にかかわるような実際の危険にあったり、死傷の現場を目撃したりする
などの体験によって強い恐怖を感じ、それが記憶に残ってこころの傷（トラウ
マ）となり、何度も思い出されて当時と同じような恐怖を感じ続けるという病
気」[36]である。PTSD は、衝撃的な経験の後に予測される症状に基づく唯一の
障害であることから、災害後のこころの病気として最もよく報告されると同時
に最も多くの研究が行われてきた。災害後の PTSD の発現率は、災害の種類
の違いや被災程度、計測方法等の違いを受けて研究によってさまざまに幅があ
るが、先行研究のまとめからは、直接的な被災者の間で 30～40%、支援者で
10～20%、一般的な人々の間で 5～10% と推計されている[37]。

1.3　うつ病

　憂うつさや、気分が落ち込んでいると表現される症状を抑うつ気分といい、
抑うつ気分が強い状態を抑うつ状態と呼ぶ。そして、このようなうつ状態があ
る程度以上重症であるときに、「うつ病」と呼ばれる[38]。うつ病はこころの病
気のなかでも最も一般的なものと言われており、災害研究の場面では PTSD
に次いで多く研究が行われてきたが[39]、一般的な人々への影響を考えると、
最も広範囲にみられる災害後の障害と言えるかもしれない[40]。災害前のうつ
病の発現率、災害後の社会的支援状況、災害への暴露程度、症状の計測方法等

------

35) Goldmann and Galea（2014）, Pietrzak et al.（2012）.
36) 厚生労働省「PTSD とは」（https://www.mhlw.go.jp/kokoro/speciality/detail_ptsd.html
2020 年 7 月 3 日アクセス）.
37) Galea et al.（2007）, Neria et al.（2008）, Norris et al.（2002）.
38) 厚生労働省「うつ病とは」（https://www.mhlw.go.jp/kokoro/speciality/detail_depress
ive.html　2020 年 7 月 3 日アクセス）.
39) Norris et al.（2002）.
40) Goldmann and Galea（2014）.

によって、災害後のうつ病の発現率はこれまでさまざまな研究で幅広い値が報告されてきた[41]。たとえば、2008 年に米国のテキサス州で計測されたハリケーン・アイクの 1 カ月後のうつ病発現率は 5% であったが[42]、米国同時多発テロ事件の 1 カ月後のニューヨークでのうつ病発現率は 10% 程度だった[43]。

1.4 物質使用障害

アルコール依存症や薬物依存症といった「物質使用障害」については PTSD やうつ病ほど震災の影響は研究されていない。いくつかの研究では災害後にアルコール、薬物、タバコの使用が増える傾向があることが観察されており、これらが災害後のストレス対処方法になっている可能性があることが報告されている[44]。しかし、災害後の物質使用障害はもともと物質使用障害等のあった人や災害によってこころの病気を持った人の間で増加しているのであり、災害それ自体が直接の要因となって大きく増加したわけではないという見解もあり[45]、一貫した知見は得られていない状況である。

1.5 その他

これまで紹介した症状の他にもこれまでの研究ではさまざまな災害後のこころの症状が報告されてきた。たとえば、PTSD やうつ病のように多くの研究はなされていないものの、全般性不安障害[46]、死恐怖症[47]、パニック障害[48]、恐怖症[49]の発現が災害被災者の間で報告されてきた[50]。災害後は、睡眠障害

---

41) Goldmann and Galea（2014）.
42) Tracy et al.（2011）.
43) Galea et al.（2002）.
44) North et al.（1999）, Vlahov et al.（2002）.
45) Norris et al.（2002）.
46) 生活上のいろいろなことが気になり、極度に不安や心配になる状態が半年以上続く。不安だけでなく、落ち着きがない、疲れやすい、集中できない、イライラする、筋肉が緊張している、眠れないといった症状もみられる（厚生労働省「不安障害」〔https://www.mhlw.go.jp/kokoro/youth/stress/know/know_02.html 2020 年 7 月 23 日アクセス〕）.
47) 死ぬことや死に関することを非常に不安に思うこと（Peters et al. 2013）.
48) 「突然理由もなく、動悸やめまい、発汗、窒息感、吐き気、手足の震えといった発作を起こし、そのために生活に支障が出ている状態」（厚生労働省「パニック障害・不安障害」〔https://www.mhlw.go.jp/kokoro/know/disease_panic.html 2020 年 7 月 24 日アクセス〕）.

等の身体的な症状が現れることがあることも知られており、こうした症状はこころのストレスが原因の場合も考えられる[51]。また、災害による PTSD と一緒にうつ病や物質使用障害の症状がみられるなど、ここで紹介した障害は多くの場合、組み合わせて発症することが知られている[52]。こうした災害後の症状は災害後約1年でピークを迎えてその後改善傾向がみられていくと考えられているが、多くの研究で症状が数年に及ぶ場合もあることが報告されている[53]。

2 災害によるこころの病気のリスク要因

　それでは災害によるこころの病気のリスク要因としては、これまでの研究で何が明らかになっているのだろうか。ここでは、①災害前の状態のリスク要因、②災害下のリスク要因、③災害後のリスク要因に分けて紹介する[54]。

2.1 災害前の状態のリスク要因

　これまでの研究では、災害前からあるこころの病気、女性であること、子どもであることが、災害前の状態から予測される災害後のこころの病気のリスク要因であることが示されている。まず、災害前からあるこころの病気は、災害後の PTSD やうつ病、物質使用障害の発症や、回復力と相関していることが報告されてきた[55]。また、アルコール依存症等の物質使用障害を除いて、災害後の PTSD やうつ病の発現率は、男性に比べて女性の方が高い傾向がある

---

49) 「他の人にとっては危険でもなんでもないような、ある特定の「状況」や「物事」に対して恐れを抱くこと」（王立精神科医学専門学校「不安障害、パニック発作、恐怖症：キー・ファクト」〔https://www.rcpsych.ac.uk/mental-health/translations/japanese　2020年7月24日アクセス」〕）。

50) Acierno et al.（2007）, Ghafoori et al.（2009）, Koenen et al.（2009）, Norris et al.（2002）.

51) Ursano et al.（2009）.

52) Chiu et al.（2011）, Galea et al.（2002）, North et al.（1999）.

53) Norris et al.（2002）.

54) この項は、主に Goldmann and Galea（2014）に基づいている。

55) Neria et al.（2008）, Norris et al.（2002）, Van der Velden and Kleber（2009）.

ことが知られている[56]。そして、この性差は年齢や国や災害の種類に関係な
く共通して確認されてきている[57]。また、子どもは災害によって PTSD やパ
ニック障害、恐怖症等を発症する可能性が高く、子どものこころは災害によっ
て特に影響を受けやすいことが知られている[58]。この他にも社会経済状況が
低いこと、民族的マイノリティであること、社会的支援や社会的な関係が少な
いことが、災害前の状態のリスク要因として報告されている[59]。

2.2　災害下のリスク要因

　人々は災害の起こった場所にいることで直接的に影響を受けたり、大切な人
が影響を受けたり、災害の映像をみたりすることで間接的に影響を受けたりす
る。こころの健康に関しては、このような災害曝露の程度の大きさの違いが最
も重要なリスク要因である。これまでの研究では災害曝露の程度として、災害
経験の頻度、災害の種類、曝露時間の長さ、死亡率、災害発生地までの距離な
どさまざまな指標が用いられてきたものの、どの指標であっても災害曝露の程
度が大きいほど、こころの病気のリスクが大きいことが確認されている[60]。

　災害曝露の程度は、怪我や悲惨な状況の目撃などといった個人の衝撃的な経
験の程度の代理変数となっている可能性があり、結果として災害の大きさがこ
ころの病気の発症率と関係しているかもしれない。また、このことは人的災害
の方が自然災害よりも被害が大きい傾向の理由となっている可能性がある。つ
まり、自然災害の後の調査の方が人的災害よりも被害にあった人の範囲の把握
が難しく、広い範囲の人が含まれることによって、災害曝露の程度が低くここ
ろの病気のリスク要因が小さい人が含まれているという可能性が考えられるの
だ[61]。

56) Galea et al. (2005), Neria et al. (2008).

57) Norris et al. (2002).

58) Kar (2009).

59) Galea et al. (2005), Norris et al. (2002), Van der Velden and Kleber (2009), Neria et al. (2008).

60) Norris et al. (2002).

61) Galea et al. (2005), Neria et al. (2008).

2.3　災害後のリスク要因

　主な災害後のリスク要因には震災後の生活のストレス要因と社会的支援が挙げられる。まず、災害後の生活のストレス要因である失業、資産被害、夫婦間でのストレス、災害による健康状態の悪化、避難等は、PTSD やうつ病を含めて災害後のこころの病気への脆弱性を高める傾向があることが確認されてきた[62]。また、社会的支援の少なさや減少は PTSD やうつ病の発症につながり、社会的支援の充実は、こころの病気の悪化を防ぐ効果があることが報告されている[63]。加えて、災害下のリスク要因である災害曝露の程度の大きさが PTSDと強く関係しているのに対して、こうした災害後には、社会的支援が抑うつ傾向とより強く関係している可能性があることが示されてきた[64]。

3　災害下の喪失がこころに及ぼす影響

　これまで紹介した医学および公衆衛生学における災害下のこころの研究の概要からは、筆者らの研究で注目する喪失が、災害後のストレス要因がこころに及ぼす影響の1つとして捉えられることがわかる。それでは、災害後のストレス要因としての喪失がこころに及ぼす影響については、これまでどのような研究が行われてきたのだろうか。

3.1　COR モデルに沿った喪失の影響の検証

　これまで災害下の喪失がこころに及ぼす影響に関する多くの研究では、「COR モデル（Conservation of Resources Model）」[65]という心理的なストレスモデルが用いられてきた。COR モデルでは、心理的なストレスは次の3つの場合に起こるとされている。それは、①財の喪失の恐れがあるとき、②実際に財を失ったとき、③財に投資してもそれに見合った利得の獲得ができないときである。そして、喪失する財は次の4つの種類に分けることができるとされる。そ

----
62) Galea et al.（2005）, Norris et al.（2002）, Cerdá et al.（2013）, Neria et al.（2009）.
63) Norris et al.（2002）, Galea et al.（2002）, Brewin et al.（2000）, Ozer et al.（2003）.
64) Norris et al.（1999）, Tracy et al.（2011）.
65) Hobfoll（1989）.

れは、①家等の物理的な資産、②自尊心や対処能力といった個人の特徴、③雇用や結婚といった状態、④お金や睡眠時間といった活力である。物理的な喪失と感覚的な喪失がどちらもストレスと関係しているという点が、このモデルの特徴である[66]。また、COR モデルから導かれる定理には喪失の優位性がある[67]。これは、ある財の喪失によって精神的にダメージを受ける程度は、同じ財を同じだけ得られることによって得られる喜びの程度よりも大きいというものであり、プロスペクト理論の価値関数が取り入れられた視点である。

　これまでの実証研究では実際に災害は物理的な喪失をもたらすだけではなく、対処能力といった感覚的な喪失をもたらすことが知られている。さらに、災害は予測できず、突然に人々が持つ財のみでなくコミュニティが所有する財の大きな喪失をもたらす可能性がある。そのため、平時に限らず、災害下における喪失の影響についての研究は、特に重要と考えられるのである。そして、実際にこれまで行われてきたさまざまな災害下における実証研究では、その多くがCOR モデルに従って喪失の影響が検証され、一貫して物質的な喪失と感覚的な喪失の両方が、PTSD やうつ病等の心理的なストレスと関係している可能性があることが示されてきた[68]。

3.2　災害下の喪失がこころに及ぼす影響に関する研究の課題

　さまざまな財の喪失の影響を捉えることは、災害が起こる前の準備を充実させるためにも、災害後の介入を充実させるためにも、重要な示唆を与える可能性がある。しかし、災害下の喪失がこころに及ぼす影響に関する研究の課題として、これまでの多くの研究では、災害によるさまざまな喪失を 1 つまたは少数の変数にまとめて捉えてきたことから、災害による具体的な財の喪失がこころに及ぼす影響に着目した研究が少ないことが挙げられる[69]。具体的な財の喪失がこころに及ぼす影響を捉えた数少ない研究の 1 つには、先ほども触れたハリケーン・アイクの被災者を対象にして、さまざまな財の喪失と PTSD やうつ病の発症との関連を検証したものがある[70]。この研究では、家の喪失、

----

66) Paul et al.（2014）.
67) Halbesleben et al.（2014）.
68) Hobfoll（2001）.
69) Paul et al.（2014）.

思い入れのある物の喪失、仕事の喪失、およびペットの怪我や死亡がPTSD
やうつ病の発症と関係していることが示された。こうした具体的な財の喪失が
こころに及ぼす影響の検証を積み重ねていくことが、災害政策への貢献に重要
な役割を果たすと考えられる。

　また、災害下の喪失がこころに及ぼす影響に関する研究のもう1つの課題と
して、喪失の優位性についての検証がほとんどないことが挙げられる。喪失の
優位性を確認することは、災害後の介入対象の決定や介入方法の改善に重要な
示唆を与える可能性がある。災害以外の場面では、喪失の影響のみでなく利得
局面の影響も検証することで、いくつかの研究で喪失の優位性が確認されてき
た[71]。しかしこうした研究では、利得局面や損失局面が無作為に決定されて
いるわけではないため、喪失の優位性の因果関係についてはより厳密な検証が
行われる必要がある。一方、災害は予期せず突然に発生し、さまざまな側面の
財を外生的に変更させる。この点に着目することで、その因果関係を確認する
ことに貢献する可能性もあるのだ。

　そうしたなかで、次節で紹介する双葉町民のデータを用いた災害下の多面的
な喪失がこころに及ぼす影響を、プロスペクト理論を用いて行った検証は、プ
ロスペクト理論の因果関係を捉える貢献のみにとどまらず、さまざまな財の影
響の検討および喪失の優位性の検証にもつながる。そのため、医学・公衆衛生
学における災害下のこころの健康に関する研究への貢献が期待されるのである。

----

70) Paul et al.（2014）.
71) Hobfoll（2001）.

III

双葉町民の多面的な喪失とこころの関係

　これまで紹介したように、プロスペクト理論は現実社会のさまざまな事象の説明に活用されてきたが、因果関係を捉えた現実社会での実証研究が少ないこと、多面的な損失や利得を考慮した検証がほとんどなく、そして、プロスペクト理論はリスクがあるなかでの行動パターンとして発展しているが、実際に損失や利得が起こった際の効用への影響に関する実証研究が少ないという課題がある。また、災害下のメンタルヘルスのリスク要因に関する研究のなかでも、多面的な喪失に関する研究はほとんど行われてきていない。そこで本節では、双葉町の復興政策への貢献と、これまで取り組まれてこなかった上記の研究への貢献を目的として筆者らが行った、双葉町民の多面的な喪失とこころ（こころの健康、幸福感）の因果関係に迫る実証分析を紹介する[72)]。

　この分析では、双葉町民の震災前後の、①同居家族、②住居面積、③主観的健康感、④年収の4つの側面の変化とこころの関係が、プロスペクト理論の参照点依存性および損失回避性と整合的であるかを検証した。結果を先取りしてお伝えすれば、4つの側面のうち、2つの側面（年収と主観的健康感の変化）とこころの関係について、損失回避性の特徴が表れていることが確認された。つまり、震災によって健康状態が悪化したり、年収が減少したりした場合にこころ（こころの健康、幸福度）が下向きになる度合いは、健康状態がよくなったり、年収が増加したりした場合にこころが上向きになる度合いよりも大きいことが確認された。また、年収については震災後に参照点が変化した可能性があることも示された。

　この研究には、プロスペクト理論の実証研究および、災害下の損失とこころの関係の研究分野において、特に4つの貢献がある。1つめは、災害という外生的な変化を利用してプロスペクト理論をフィールドで検証して因果関係を示す証拠を提供したこと。2つめは、災害下で実際に起こった損失や利得に対する効用の変化を示す証拠を提供したこと。3つめは、災害の多面的な喪失のこ

---

72) ここで紹介する実証分析は、Iwasaki et al.（2019）に基づいている。

図 3.4　震災前と比べた同居家族の人数の変化

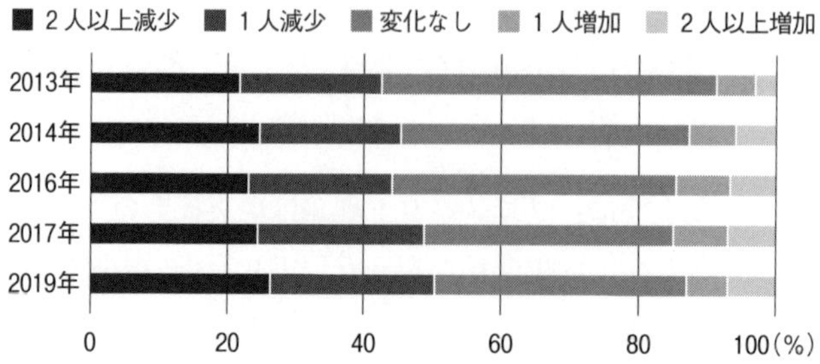

■ 2 人以上減少　■ 1 人減少　■ 変化なし　■ 1 人増加　■ 2 人以上増加

ころへの影響を検証した結果を示したこと。4 つめは、参照点の変化の可能性を含めて、災害補償政策に重要な示唆を与える結果を示したことである。

1　双葉町民の生活の震災前後での変化

まず、今回検証する同居家族の人数、住居面積、主観的健康感、年収と、効用の変数として利用する幸福度について、双葉町の震災前とその後の分布の変化を確認する。

1.1　同居家族の人数

第 1 章の図 1.7（23 頁）に示されているように、震災前後の同居家族の人数について、震災前と比較して 3 人以上での同居の割合が減少したことがわかる。同居家族の人数は、2013 年に大きく減少した後 2014 年に少し回復がみられるが、その後大きな変化はみられていない。また、図 3.4 に示されているように、震災前と比べた同居人数の変化をみると、2013 年に同居家族の人数が減少した人の割合は 42% 程度であった。その後同居家族が減少した人の割合は少しずつ増えて、2019 年の調査では約 50% の人が、震災前と比較して同居家族が減少していることがわかる。一方で、震災によって同居家族が増えた人も一定数（2013 年時点で 10% 程度）いることがわかる。

図 3.5　住居面積（1 人当たり）の変化

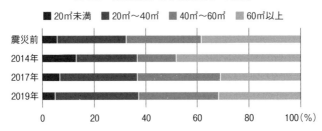

図 3.6　震災前と比べた住居面積（1 人当たり）の変化

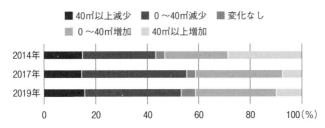

1.2　住居面積の広さ

　震災前後の住居面積の広さに関する質問は、2013 年の調査項目には含まれておらず、2014 年から調査を始めた項目である。また、2016 年の調査については、他の年の調査と質問方法が異なり回答者が少なかったため表示を省略している。震災前後の 1 人当たりの住居面積の広さ（住居面積 / 同居家族の人数）の変化は図 3.5 の通りであり、2014 年の調査時点では、震災前に比べて 1 人当たりの住居面積が 40 m²未満の人が増えた一方で、60 m²以上の人も増えていることが確認でき、震災前後で住民の間の分散が大きくなっている可能性があることを示唆する。また図 3.6 に示されているように、2014 年調査の震災前と比べた 1 人当たりの住居面積の変化をみると 1 人当たりの住居面積が増えた人と減った人の割合はそれぞれ半分ずつ程度であることがわかる。

　一方、2017 年以降は、1 人当たりの住居面積は震災前とだいたい同じ程度の分布に戻っていることが確認できる。2017 年以降の震災前と比べた住居面積の変化をみると、2014 年に比べて増加した人の割合は減少している。

　第 1 章の図 1.5（22 頁）に示されているように、2014 年時点ではまだ多くの人が賃貸住宅等に住んでいたが、2017 年になると多くの人が震災後に購入し

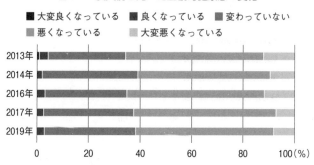

図3.7　震災前と比べた主観的健康感の変化

た持家に住むようになっている。こうした変化が、震災後の1人当たりの住居面積の分布の変化に影響していると考えられる。

1.3　主観的健康感

主観的健康感に関する質問は、2016年の調査から含まれており、第1章の図1.12（26頁）にその分布が示されている。震災前と比べた健康感の変化については、2013年の調査から含まれているが、図3.7に示されているように震災直後から60%以上の人が「大変悪くなっている」もしくは「悪くなっている」と答えており、その分布は2013年から2019年までの間でほとんど変わっていないことがわかる。

1.4　年収

図3.8に示されているように、世帯の1人当たりの年収は震災前後で減少し、その分布は震災後ほとんど変わらないことがわかる。震災前と比べた年収の変化についても、図3.9に示した通り、2013年の調査時点で70%以上の人が年収の減少を報告している。その後、2019年時点では年収が震災前と比べて減少した人の割合は60%程度と少し減少してはいるものの、多くの人が震災によって年収が減少し、震災前の状況には戻っていないことがわかる。一方で、震災後の1人当たりの年収が増加した人も2013年時点では25%、2019年時点では30%程度いることが確認できる。なお、双葉町は東京電力からのさまざまな賠償の対象になっているが、ここで示した年収には賠償は含まれていない。

図3.8　年収（1人当たり）の変化

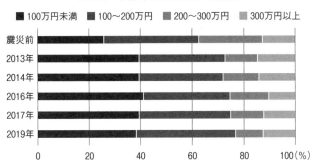

図3.9　震災前と比べた年収（1人当たり）の変化

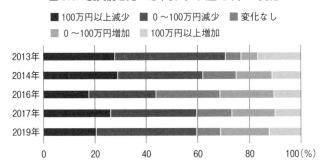

2 双葉町民の生活の震災前後での変化とこころの関係

2.1　分析方法

⑴　分析の概要

　筆者らは2014年調査および2013年調査の双葉町のデータを用いて、同居家族人数、住居面積、主観的健康感、年収という4つの側面の震災前後の変化と、こころの健康および幸福度で捉えられる効用の関係について、プロスペクト理論の特徴のうち、参照点依存性および損失回避性が当てはまるかを検証した。2014年調査では4つの側面（同居家族、住居面積、主観的健康感、年収）すべての変化と、こころの健康および幸福度についての情報が含まれている一方、震災発生から最も近い2013年調査のデータには幸福度と住居面積の情報は含ま

れていない。そこで2014年調査のデータを用いた分析に加えて、その頑健性を確かめる目的で2013年調査のデータを用い、こちらでは幸福度の代わりに主観的健康感を効用の変数として分析を行った。

　分析方法の説明にあたり、本章の第I節で説明したプロスペクト理論の価値関数の形を思い出してほしい。プロスペクト理論の参照点依存性、および損失回避性の2つの特徴を検証するために筆者らが検証する価値関数の形は、前掲の図3.1（97頁）の通りである。つまり、参照点を震災前の状態として、横軸を4つの側面のそれぞれの変化（増加および減少）、縦軸をこころの健康および幸福度とした場合に、図3.1で示されるように損失局面での傾きが利得局面での傾きより大きくなっているかどうかを検証したということだ[73]。この際、こころの健康を捉えるのには、前章でも用いたK6を利用した。しかし、K6は24点を最大値として点数が大きくなるほどストレスが大きい状態を示す変数である。そこで、こころの健康の変数は「24−K6」と定義し、点数が大きいほどこころの健康がよい状態という効用の概念に沿った変数を作成して分析を行った。また、こころの健康の指標のみでなく幸福度を効用の指標に使った理由は、K6は基本的に負の面を捉える質問で構成されているため、震災での利得局面のこころへの影響を捉えることが難しいからである。同様の理由で幸福度の指標が含まれていない2013年調査のデータを用いた分析では、主観的健康感の変化をこころの健康に加えて効用を捉える変数として用いた。

(2) 因果関係を捉えるための2つの戦略

　筆者らの分析では、局所化と自然実験の2つの戦略に基づいて因果関係を厳密に検証している。まず、局所化によって図3.10で示されているように、震災前の状態を参照点とした場合に参照点付近の変化のみを捉えてその傾きの変化を検証する。

　なぜ、局所化が因果関係の把握につながるのだろうか。卒業試験の合格と卒業の間の因果関係を分析する例を考えてみよう。縦軸が卒業したかどうかの2択の変数で横軸が卒業試験の点数であったとする。卒業試験の合格点数をCとすると$C \pm 1$点の間の点数の人だけを考える（局所化する）と、試験をぎり

---

[73]　検証に用いたモデルの詳しい説明については本章末の補論（130頁）の参照。

図3.10　検証する価値関数

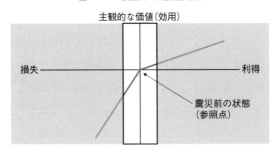

ぎり合格した$C+1$点をとった人と、$C-1$点でぎりぎり合格できなかった人はランダムに割り当てられていると考えることができる。なぜなら、たくさんある問題のなかで1、2問のミスの有無はランダムに発生すると考えることができるからだ。そのため、$C-1$点の人が卒業できた割合と$C+1$点の人が卒業できた割合を比較することで、卒業試験に合格したかどうかが卒業に与える影響を厳密に検証することができるのである。

　筆者らの分析の設計も同様に考えることができる。震災前後で何かを失った人と何かを得た人には、もともと何らかの違いがある可能性がある。しかし、何かを少しだけ失った人と何かを少しだけ得た人というのは、卒業試験の点数と同様の理由でランダムに決まっていると考えることができる。つまり、局所化によって何かを得た人と何かを失った人のもともとの違いによる影響を除いて、厳密にその財の変化の影響を検証することができるのである。言い換えれば、筆者らの分析では参照点付近を局所化して価値関数が折れ曲がっているかどうか検証したということになる。

　しかし筆者らの分析では、局所化だけではランダム化を保証することができない可能性がある。筆者らの注目する4つの側面の変化をみると、まず、同居家族の1人の増加や1人の減少は死別や婚姻によるものと考えられるため、局所化によってある程度ランダム化が保証されていると考えることができる。一方、主観的健康感の変化については、局所化によるランダム化の信頼性が低くなる。これは、主観的健康感の変化は-2（大変悪くなった）、-1（悪くなった）、0（変わらない）、1（良くなった）、2（大変良くなった）の5段階で評価されており、-1と$+1$の違いというのは小さな違いではないからである。たとえば、

震災によって健康が良くなる人は若い人で、震災によって健康が悪くなる人は年配の方が多いといった傾向があることも考えられる。また、同居家族の人数はある程度ランダムに決まっている可能性があるとしても、住居面積の広さはそうではない可能性が考えられる。さらに、年収については、経済の後退期には公務員等の安定した職についている人は年収の減少を経験しにくいといった影響が考えられる。つまり、震災等の特殊な状況ではない場合では、局所化はある程度のランダム化を保証できる可能性があるが、震災といった特殊な状況下において局所化のみでは十分なランダム化を保証しない可能性があるということである。そうしたなかで、災害の外生的な影響による自然実験の状況は、前述したような年齢、住居面積や職業の種類といった異なる特徴による影響の大きさを取り除くことができる可能性がある。つまり、筆者らの分析の設計は局所化と自然実験の二重の戦略によってランダム化を担保しているのである。

(3) 参照点の妥当性

筆者らは震災前の状況を参照点として分析を行っている。これは、震災が予測できないものであることと、筆者らの調査の主な回答者である双葉町の年配の方々のなかで震災前においては、他の地域に移住する割合が低いためである。2010年の「国勢調査」によると、双葉町に住む65歳以上の住民について過去5年以内に町外へ移住した人の割合は4.1%だった。つまり、多くの人にとって、震災による町外への移住は予定外に外生的にもたらされたものであったことがわかる。また、後述する年収に関する分析の結果にみられるように、追加で参照点の変化の可能性についても分析を行っている。

2.2 分析結果

(1) 同居家族の人数

まず、同居家族の人数の変化と効用（こころの健康、幸福度、主観的健康感の変化）の関係については、プロスペクト理論の価値関数と整合的な結果はみられなかった[74]。分析の結果は、おおむね同居家族の人数と効用の間に正の関

---

74) 推計モデルとコントロール変数等を含めた詳細な推計結果については、本章末の補論（130頁）を参照。

係があることを示唆しているが、傾きは損失局面でも利得局面でも統計的に有意なものではなかった。また、参照点における傾きの変化についても統計的な有意性は確認されなかった。

⑵ 住居面積

　1人当たりの住居面積の変化と効用（こころの健康、幸福度）の関係についての分析結果についても、プロスペクト理論の価値関数と整合的な結果はみられなかった。分析の結果は、損失局面でも利得局面でも1人当たりの住居面積と幸福度の間に正の関係があることを示唆している。しかし、傾きは利得局面のみで正に有意となっており、損失回避性の特徴とは反対の折れ曲がりがある可能性があることが示されたが、この参照点における傾きの変化について統計的な有意性は確認されなかった。

⑶ 主観的健康感

　主観的健康感の変化と効用の関係についての分析結果は図3.11 (a)〜(c) で示された通りである。ここでは、プロスペクト理論の価値関数と整合的な傾向がみられた。図3.11 (a) の2014年調査のデータを用いてこころの健康を効用の変数とした分析では、損失局面での傾きは正で統計的に有意であるが、利得局面での傾きは負で統計的に有意であった。これは、分析に主観的健康感の調査時点でのレベルが含まれていないことが原因と考えられる。震災前と比べた主観的健康感の変化は2013年の調査時から含まれていたが、調査時点での主観的健康感についての質問は2016年の調査から含まれたため、分析に使われた2013年と2014年の調査データには含まれていない。主観的健康感を健康の蓄積と捉えて、主観的健康感が良かった人の方が大きく悪化している可能性があると考えると、主観的健康感は震災前と比べた主観的健康感の変化と負の相関をしている可能性がある。その場合、調査時点での主観的健康感の変数がモデルに含まれていないことは、負のバイアスをもたらすことになる。つまり、本来は損失局面での正の傾きはより大きいことが予想され、利得局面での傾きが負になっているのは、調査時点での健康状態の変数が除かれたことによるバイアスのためと考えられるのだ。図3.11 (a) で示された分析結果では、参照点における傾きの違いについても統計的な有意性が確認された。

図3.11 健康状態、年収の変化の影響

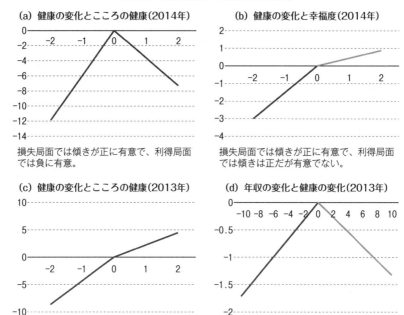

(a) 健康の変化とこころの健康(2014年)

(b) 健康の変化と幸福度(2014年)

損失局面では傾きが正に有意で、利得局面
では負に有意。

損失局面では傾きが正に有意で、利得局面
では傾きは正だが有意でない。

(c) 健康の変化とこころの健康(2013年)

(d) 年収の変化と健康の変化(2013年)

損失局面と利得局面ともに傾きが正に有意。

損失局面では傾きが正に有意で、利得局面
では傾きは負だが有意でない。

(注)濃いグレーは傾きが統計的に有意であることを、薄いグレーは統計的に有意でないこと
を示す。

また、図3.11 (b) と図3.11 (c) では参照点における傾きの違いについての統計的な有意性は確認されなかった[75]が、損失局面においても利得局面においても傾きは正であり、傾きの大きさは損失局面で大きく、プロスペクト理論と整合的な形であることが確認できる。

⑷ 年収

年収の変化と効用の関係については、2014 年調査と 2013 年調査のデータを用いた推計で異なる結果となった。まず、2014 年調査のデータを用いた分析では、損失局面でも利得局面でも傾きは有意ではなく、プロスペクト理論と整合的な価値関数の形状は確認されなかった。

---

[75] 図3.11 (b) では参照点における傾きの違いの p 値は 0.21。図3.11 (c) では 0.13。

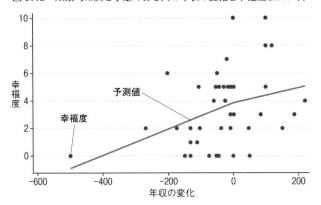

図3.12　双葉町に戻る予定のある人の年収の変化と幸福度(2014年)

　一方、2013年調査のデータを用いた分析結果は、図3.11 (d) に示されるように プロスペクト理論と整合的な価値関数の形状を示唆した。なお、図3.11 (d) では2013年調査には含まれていない幸福度の変数の代わりに、主観的健康感の変化を効用の変数として用いている。この分析では、損失局面のみで傾きが正に有意であった。利得局面は負であるが、統計的な有意性は確認されなかった。さらに、参照点における傾きの違いについて統計的な有意性が確認された。つまり、2014年調査のデータを用いた分析ではプロスペクト理論と整合的な価値関数の形状は確認されなかったが、2013年調査のデータを用いて効用を主観的健康感の変化とした分析では、価値関数がプロスペクト理論の損失回避性の特徴と整合的であることが示された。

　では、2013年の調査データでは損失回避性と整合的な結果が確認されたのに、2014年調査のデータでは確認されなかったのは、なぜなのだろうか。筆者らは、参照点の変化がその原因だと考え、追加の分析を行った。筆者らの調査では「将来双葉町に戻る予定があるか」という質問が含まれている。そこでこの質問を用いて、将来双葉町に戻る予定がある人、つまり参照点が震災前の状態から変化していないと考えられる人を選別して分析を行った。その結果が図3.12である。この分析は、コントロール変数等を含めずに単回帰分析の結果を示したものであるが、参照点で折れ曲がり、損失局面で傾きが大きくなっていることが確認できる。この結果は、震災前の状態が参照点から変わっていないと考えられる人は2014年調査のデータでも損失回避性が確認できる可能

性があること、つまり、多くの人の参照点が2013年調査の時点から2014年調査の時点の間で変わった可能性があることを示唆しているのである。

2.3 政策的示唆

プロスペクト理論はさまざまな社会的な現象を説明することに役立ってきた。しかし、本当にプロスペクト理論は人々の特徴を適切に捉えているのだろうか。これまで実験室実験によって、理論と整合的な結果がみられてきたが、現実社会での検証は少なかった。また、災害下における喪失のこころへの影響については、具体的な財の喪失の影響の検証と喪失の優位性を確認した研究はほとんどなかった。そこでこの研究では、プロスペクト理論の主要な2つの特徴である参照点依存性と損失回避性を、災害下における具体的な財とこころの関係という現実社会のデータによって検証した。この点で重要な研究だと言える。

分析の結果、主観的健康感の変化と年収の変化について、参照点依存性と損失回避性があることが確認できた。そして、年収の変化について2013年調査のデータでは参照点依存性と損失回避性が確認できたが、2014年調査のデータで確認できなかったのは、参照点の変化があった可能性があることを確認した。年収の参照点が変化していくというのは近年の研究[76]とも整合的な結果である。

これらの結果からは、3つの重要な政策的な示唆が得られる。1つめは、十分な賠償金の必要性である。大きな損失を経験した人がもともとの効用のレベルを取り戻すために、その損失をカバーする必要があるためである。そして2つめは、政府による早い段階でのコミットメントの重要性である。図3.13のように震災後に参照点が下がってしまった状況を考える。こうした場合、被災者が震災前の効用のレベルを取り戻すためには、失った分以上の賠償が必要になる。そのため、参照点の低下を防ぐための早いコミットメントが重要なのである。3つめは多面的な介入政策の重要性である。本分析によって損失回避性が多面的であることが確認されたことから、さまざまな喪失に対して、ヘルスケアやカウンセリングを含めて多面的な政策介入の必要性が示唆されるのである。

---

76) DellaVigna et al.（2017）.

図3.13　賠償金と参照点の変化

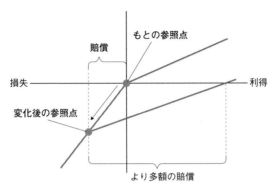

補論
実証分析の詳細

1 推定モデル

　推計には、Kőszki and Rabin（2006）の多次元参照点依存モデル（multi-dimensional reference dependent model）を採用した。このモデルでは、各側面（財）の可分性が仮定されており、V（効用）が S（財）のレベルと r（参照点）で決められている。

$$V = \sum_{j=1}^{J} l_j(S_j) + \sum_{j=1}^{J} m_j(S_j - r_j)$$

　ここで、$l_j(\cdot)$ と $m_j(\cdot)$ は関数を示し、j は側面（財）を表している。また、筆者らのデータでは S_1 は同居家族の人数、S_2 は主観的健康感、S_3 は1人当たりの住居面積、S_4 は1人当たりの年収を示し、$r_1 \sim r_4$ はそれぞれの震災前の状態を示す。そして、V は2014年調査のデータを用いた分析ではこころの健康および幸福度、2013年調査のデータを用いた分析ではこころの健康および主観的健康感の震災前からの変化を示す。このモデルをもとに、実際の推定では以下のモデルを用いた。

$$V_i = \beta_0 + X_i' \beta_x + \sum_j \beta_j S_{ij} + \sum_j \beta_{j-}(1-\delta_j)\Delta S_{ij} + \sum_j \beta_{j+}\delta_j \Delta S_{ij} + U_i$$

　ここで、X_i はコントロール変数、β_{j-} は損失局面（r_j の左側）での傾きの係数、β_{j+} は利得局面（r_j の右側）での傾きの係数を表す。つまり、損失回避性は $\beta_{j-} > \beta_{j+} > 0$ で表される。これは参照点での傾きの変化を捉える「回帰屈折デザイン（regression kink design）」の枠組みと考えることができる。また、コントロール変数のバランス（利得局面と損失局面が観察できる変数についてランダムに起こっているか）を確認して、主観的健康感以外の3つの側面について標準偏差2以内のサンプルを用いて推定を行った（局所化）。

2 推定結果

　2014 年調査のデータを用いた推定結果は表 3.1 の通りである。列 (1) の被説明変数は幸福度で、列 (2) の被説明変数はこころの健康（24−K6）である。同居家族の人数の変化については、列 (1) と列 (2) に共通して、利得局面においても損失局面においても統計的に有意な結果は確認できない。次に、主観的健康感の変化については、列 (1) では損失局面で係数が正で有意であり、利得局面では正であるが統計的に有意でない。また、列 (2) では損失局面での係数が正で有意であり、利得局面での係数は負で有意である。また、損失局面と利得局面の傾きの違いも統計的に有意である（$p=0.00$。利得局面で負に有意になっている理由については、本文での議論を参照）。

　次に、住居面積については、列 (1) と列 (2) に共通して、利得局面では統計的に正に有意であるが、損失局面では有意ではない。また、年収については、列 (1) と列 (2) に共通して、損失局面においても利得局面においても係数は統計的に有意ではない。

　2013 年調査を用いた推定結果は表 3.2 の通りである。列 (1) の被説明変数はこころの健康（24−K6）で、列 (2) の被説明変数は幸福度の代わりの変数として用いた主観的健康感の変化である。同居家族の人数の変化については、列 (1) と列 (2) に共通して、利得局面においても損失局面においても統計的に有意な結果は確認できない。次に、主観的健康感の変化については、列 (1) で損失局面と利得局面に共通して損失局面と利得局面の両方で正に有意であり、損失局面の方が利得局面よりも傾きが大きいことが確認できる。住居面積は 2013 年の調査項目に含まれていないため、こちらの推定モデルには含まれていない。また、年収については、列 (1) では、損失局面と利得局面の両方で正に有意である。そして列 (2) では、損失局面では正で統計的に有意であり、利得局面では統計的に有意ではない。また、損失局面と利得局面の傾きの大きさの違いについても統計的に有意なことが確認できる（$p=0.048$）。

　2014 年と 2013 年の推定結果のなかでプロスペクト理論の価値関数における参照点依存性と損失回避性と整合的な結果となっている側面は、主観的健康感全般と、主観的健康感を効用とした際の 2013 年調査での年収の変化である。

表 3.1　2014 年のデータを用いた推定結果

	(1) 被説明変数：幸福度 (N=272)		(2) 被説明変数：24－K6 (N=264)	
同居家族人数（S_1）	0.07	(0.73)	0.37	(1.65)
住居面積（S_3）	-0.58	(-1.48)	-0.24	(-0.20)
年収（S_4）	-0.09	(-0.63)	0.83	(2.73)
同居家族人数の変化：損失局面（$\triangle S_1$）	0.28	(0.90)	0.57	(0.85)
同居家族人数の変化：利得局面（$\triangle S_1$）	0.35	(1.15)	-0.12	(-0.19)
主観的健康感の変化：損失局面（$\triangle S_2$）	1.52	(2.34)	5.82	(3.65)
主観的健康感の変化：利得局面（$\triangle S_2$）	0.45	(0.79)	-3.45	(-2.24)
住居面積の変化：損失局面（$\triangle S_3$）	0.23	(0.17)	0.12	(0.02)
住居面積の変化：利得局面（$\triangle S_3$）	1.56	(2.43)	4.4	(2.37)
年収の変化：損失局面（$\triangle S_4$）	0.14	(0.61)	-0.08	(-0.10)
年収の変化：利得局面（$\triangle S_4$）	0.42	(1.07)	0.04	(0.04)
年齢	-0.03	(-2.09)	-0.04	(-1.45)
公務員ダミー	-0.14	(-0.40)	-2.96	-(3.40)
女性ダミー	-0.82	(-1.95)	-0.28	-(0.29)
居住市町村無回答ダミー	-4.31	(-11)	-11.9	(-12)
福島県ダミー	-4.36	(-10)	-13.3	(-13)
持家かどうかの震災前後の変化	0.84	(2.96)	1.38	(1.79)
同居家族人数の変化の利得局面ダミー（δ_1）	-0.12	(-0.23)	-0.78	(-0.64)
主観的健康感の変化の利得局面ダミー（δ_2）	-0.56	(-0.76)	-3.04	(-1.67)
住居面積の変化の利得局面ダミー（δ_3）	-0.31	(-0.58)	-1.20	(-0.69)
年収の変化の利得局面ダミー（δ_4）	0.8	(1.92)	0.37	(0.35)
N（局所化の結果用いたサンプルサイズ）	215		206	
％（局所化の結果用いたサンプルの割合）	79		78	
自由度調整済決定係数	0.35		0.39	
損失局面と利得局面の傾きの違いのテストのp値				
同居家族人数の変化	0.87		0.46	
主観的健康感の変化	0.21		0.00	
住居面積の変化	0.35		0.44	
年収の変化	0.51		0.93	

（注）（　）内は t 値を表す。

表3.2　2013年のデータを用いた推計結果

	(1)被説明変数:24－K6 (N=406)		(2)被説明変数:主観的 健康感の変化(N=436)	
同居家族人数（S_1）	0.34	(1.42)	-0.04	(-1.02)
年収（S_4）	-0.03	(-0.14)	0.06	(1.56)
同居家族人数の変化：損失局面（$\triangle S_1$）	0.64	(1.13)	0.01	(0.12)
同居家族人数の変化：利得局面（$\triangle S_1$）	0.34	(0.40)	0.11	(1.32)
主観的健康感の変化：損失局面（$\triangle S_2$）	4.28	(4.07)	－	－
主観的健康感の変化：利得局面（$\triangle S_2$）	2.31	(3.27)	－	－
年収の変化：損失局面（$\triangle S_4$）	1.06	(2.49)	0.17	(3.05)
年収の変化：利得局面（$\triangle S_4$）	1.46	(1.94)	-0.13	(-1.10)
年齢	-0.03	(-1.70)	-0.01	(-4.69)
女性ダミー	0.2	(0.30)	-0.04	(-0.35)
居住市町村無回答ダミー	-5.61	(-1.38)	-0.81	(-2.28)
福島県ダミー	-6.16	(-1.52)	-0.74	(-2.08)
同居家族人数の変化の利得局面ダミー（δ_1）	-1.60	(-1.65)	0.06	(0.35)
年収の変化の利得局面ダミー（δ_4）	-0.01	(-0.01)	-0.15	(-1.32)
主観的健康感の変化の利得局面ダミー（δ_2）	-1.03	(-1.32)	－	－
N （局所化の結果用いたサンプルサイズ）	355		379	
% （局所化の結果用いたサンプルの割合）	87		87	
自由度調整済決定係数	0.34		0.11	
損失局面と利得局面の傾きの違いのテストのp値				
同居家族人数の変化	0.77		0.40	
主観的健康感の変化	0.13		－	
年収の変化	0.89		0.048	

（注）（　）内は t 値を表す。

参考文献

多田洋介（2014）『行動経済学入門』日経文庫。

平野浩（1998）「選挙研究における『業績評価・経済状況』の現状と課題」『選挙研究』13：28-38。

三隅隆司（2005）「損は切って利を伸ばせ：Disposition Effect 研究の展望」『生命保険論集』150：153-184。

村上典子（2012）「災害における喪失と悲嘆へのグリーフケア」『心身医学』52(5)：373-380。

Acierno, R., Ruggiero, K. J., Galea, S., Resnick, H. S., Koenen, K., Roitzsch, J., de Arellano, M., Boyle, J. and Kilpatrick, D. G. (2007) "Psychological Sequelae Resulting from the 2004 Florida Hurricanes: Implications for Postdisaster Intervention," *American Journal of Public Health*, 97 (Suppl 1): S103-108.

Anbarci, N., Arin, K. P., Kuhlenkasper, T. and Zenker, C. (2018) "Revisiting Loss Aversion: Evidence from Professional Tennis," *Journal of Economic Behavior and Organization*, 153 (C):1-18.

Barberis, N. and Xiong, W. (2009) "What Drives the Disposition Effect? An Analysis of a Long-Standing Preference-Based Explanation," *Journal of Finance, American Finance Association*, 64(2): 751-784.

Boyce, C. J., Wood, A. M., Banks, J., Clark, A. E. and Brown, G. D. (2013) "Money, Well-Being, and Loss Aversion: Does an Income Loss Have a Greater Effect on Well-Being than an Equivalent Income Gain?" *Psychological Science*, 24(12):2557-2562.

Breslau, N., Kessler, R. C., Chilcoat, H. D., Schultz, L. R., Davis, G. C. and Andreski, P. (1998) "Trauma and Posttraumatic Stress Disorder in the Community: The 1996 Detroit Area Survey of Trauma," *Archives of General Psychiatry*, 55(7):626-632.

Brewin, C. R., Andrews, B. and Valentine, J. D. (2000) "Meta-Analysis of Risk Factors for Posttraumatic Stress Disorder in Trauma-Exposed Adults," *Journal of Consulting and Clinical Psychology*, 68(5):748-766.

Camerer, C., Babcock, L., Loewenstein, G. and Thaler, R. (1997) "Labor Supply of New York City Cabdrivers: One Day at a Time," *Quarterly Journal of Economics*, 112(2): 407-441.

Cerdá, M., Bordelois, P. M., Galea, S., Norris, F., Tracy, M. and Koenen, K. C. (2013) "The Course of Posttraumatic Stress Symptoms and Functional Impairment Following a Disaster: What Is the Lasting Influence of Acute Versus Ongoing Traumatic Events and Stressors?" *Social Psychiatry and Psychiatric Epidemiology*, 48(3): 385-395.

Chiu, S., Niles, J. K., Webber, M. P., Zeig-Owens, R., Gustave, J., Lee, R., Rizzotto, L., Kelly, K. J., Cohen, H. W. and Prezant, D. J. (2011) "Evaluating Risk Factors and Possible Mediation Effects in Posttraumatic Depression and Posttraumatic Stress Disorder Comorbidity," *Public Health Reports*, 126(2):201-209.

Crawford, V. P. and Meng, J. (2011) "New York City Cab Drivers' Labor Supply Revisited: Reference-Dependent Preferences with Rational Expectations Targets for Hours and Income," *American Economic Review*, 101(5): 1912-1932.

DellaVigna, S., Lindner, A., Reizer, B. and Schmieder, J. F. (2017) "Reference-Dependent Job Search: Evidence from Hungary," *Quarterly Journal of Economics*, 132(4): 1969-2018.

Fehr, E. and Goette. L. (2007) "Do Workers Work More if Wages Are High? Evidence from a Randomized Field Experiment," *American Economic Review*, 97(1): 298-317.

Galea, S., Ahern, J., Resnick, H., Kilpatrick, D., Bucuvalas, M., Gold, J. and Vlahov, D. (2002) "Psychological Sequelae of the September 11 Terrorist Attacks in New York City," *New England Journal of Medicine*, 346 (13):982-987.

Galea, S., Nandi, A. and Vlahov, D. (2005) "The Epidemiology of Post-Traumatic Stress Disorder after Disasters," *Epidemiologic Reviews*, 27(1): 78-91.

Galea, S., Brewin, C. R., Gruber, M., Jones, R. T., King, D. W., King, L. A., McNally, R. J., Ursano, R. J., Petukhova, M. and Kessler, R. C. (2007) "Exposure to Hurricane-related Stressors and Mental Illness after Hurricane Katrina," *Arch Gen Psychiatry*, 64(12):1427-1434.

Genesove, D. and Mayer, C. (2001) "Loss Aversion and Seller Behavior: Evidence from the Housing Market," *Quarterly Journal of Economics*, 116(4):1233-1260.

Ghafoori, B., Neria, Y., Gameroff, M. J., Olfson, M., Lantigua, R., Shea, S. and Weissman, M. M. (2009)

"Screening for Generalized Anxiety Disorder Symptoms in the Wake of Terrorist Attacks: A Study in Primary Care," *Journal of Traumatic Stress*, 22(3): 218-226.

Goldmann, E. and Galea, S. (2014) "Mental Health Consequences of Disasters," *Annual Review of Public Health*, 35:169-183.

Halbesleben, J. R. B., Neveu, J.-P., Paustian-Underdahl, S. C. and Westman, M. (2014) "Getting to the "COR": Understanding the Role of Resources in Conservation of Resources Theory," *Journal of Management*, 40(5): 1334-1364.

Hastings, J. S. and Shapiro, J. M. (2013) "Fungibility and Consumer Choice: Evidence from Commodity Price Shocks," *Quarterly Journal of Economics*, 128(4): 1449-1498.

Henrich, J., Heine, S. J. and Norenzayan, A. (2010) "The Weirdest People in the World?" *Behavioral and Brain Sciences*, 33 (2-3): 61-135.

Hens, T. and Vlcek, M. (2011) "Does Prospect Theory Explain the Disposition Effect?" *Journal of Behavioral Finance*, 12(3): 141-157.

Hobfoll, S. E. (1989) "Conservation of Resources: A New Attempt at Conceptualizing Stress," *American Psychologist*, 44(3):513-524.

Hobfoll, S. E. (2001) "The Influence of Culture, Community, and the Nested - Self in the Stress Process: Advancing Conservation of Resources Theory," *Applied Psychology*, 50(3):337-421.

Iwasaki, K., Lee, M. and Sawada, Y. (2019) "Verifying Reference-Dependent Utility and Loss Aversion with Fukushima Nuclear-Disaster Natural Experiment," *Journal of the Japanese and International Economies*, 52 (C): 78-89.

Kahneman, D. and Tversky, A. (1979) "Prospect Theory: An Analysis of Decision under Risk," *Econometrica*, 47(2): 263-292.

Kahneman, D., Knetsch, J. L. and Thaler, R. H. (1990) "Experimental Tests of the Endowment Effect and the Coase Theorem," *Journal of Political Economy*, 98(6):1325-1348.

Kar, N. (2009) "Psychological Impact of Disasters on Children: Review of Assessment and Interventions," *World Journal of Pediatrics*, 5(1): 5-11.

Klein, R. J. T. (2003) "Resilience to Natural Hazards: How Useful Is This Concept?" *Global Environmental Change Part B Environmental Hazards*, 5 (1-2): 35-45.

Koenen, K. C., Amstadter, A. B., Ruggiero, K. J., Acierno, R., Galea, S., Kilpatrick, D. G. and Gelernter, J. (2009) "RGS2 and Generalized Anxiety Disorder in an Epidemiologic Sample of Hurricane-Exposed Adults," *Depress Anxiety*, 26(4): 309-315.

Kőszegi, B. and Rabin, M, (2006) "A Model of Reference-Dependent Preferences," *Quarterly Journal of Economics*, 121(4): 1133-1165.

Levitt, S. D. and List, J. A. (2009) "Field Experiments in Economics: The Past, the Present, and the Future," *European Economic Review*, 53(1): 1-18.

List, J. A. (2003) "Does Market Experience Eliminate Market Anomalies?" *Quarterly Journal of Economics*, 118(1): 41-71.

Mancini, A. D. and Bonanno, G. A. (2006) "Resilience in the Face of Potential Trauma: Clinical Practices and Illustrations," *Journal of Clinical Psychology*, 62(8):971-985.

Markle, A., Wu, G., White, R. and Sackett, A. (2018) "Goals as Reference Points in Marathon Running: A Novel Test of Reference Dependence," *Journal of Risk and Uncertainty*, 56(1): 19-50.

Mas, A. (2006) "Pay, Reference Points, And Police Performance," *Quarterly Journal of Economics*, 121(3): 783-821.

Mehra, R. and Prescott, E. C. (1985) "The Equity Premium: A Puzzle," *Journal of Monetary Economics*, 15 (2): 145-161.

Neria, Y., Galea, S. and Norris, F. H. eds. (2009) *Mental Health and Disasters*, Cambridge University Press.

Neria, Y., Nandi, A. and Galea, S. (2008) "Post-Traumatic Stress Disorder Following Disasters: A Systematic Review," *Psychological Medicine*, 38(4):467-480.

Norris, F. H., Friedman, M. J., Watson, P. J., Byrne, C. M., Diaz, E. and Kaniasty, K. (2002) "60, 000

Disaster Victims Speak: Part I. An Empirical Review of the Empirical Literature, 1981-2001," *Psychiatry Interpersonal and Biological Processes*, 65(3):207-239.

Norris, F. H., Tracy, M. and Galea, S. (2009) "Looking for Resilience: Understanding the Longitudinal Trajectories of Responses to Stress," *Social Science & Medicine*, 68: 2190-2198.

Norris, F. H., Perilla, J. L., Riad, J. K., Kaniasty, K. and Lavizzo, E. A. (1999) "Stability and Change in Stress, Resources, and Psychological Distress Following Natural Disaster: Findings from Hurricane Andrew," *Anxiety Stress Coping*, 12: 363-396.

Odean, T. (1998) "Are Investors Reluctant to Realize Their Losses?" *Journal of Finance*, 53 (5): 1775-1798.

Ozer, E. J., Best, S. R., Lipsey, T. L. and Weiss, D. S. (2003) "Predictors of Posttraumatic Stress Disorder and Symptoms in Adults: A Meta-Analysis," *Psychological Bulletin*, 129(1): 52-73.

Pagel, M. (2017) "Expectations-Based Reference-Dependent Life-Cycle Consumption," *Review of Economic Studies*, 84(2): 885-934.

Paul, L. A., Price, M., Gros, D. F., Gros, K. S., McCauley, J. L., Resnick, H. S., Acierno, R. and Ruggiero, K. J. (2014) "The Associations between Loss and Posttraumatic Stress and Depressive Symptoms Following Hurricane Ike," *Journal of Clinical Psychology*, 70(4): 322-332.

Peters, L., Cant, R., Payne, S., O'Connor, M., McDermott, F., Hood, K., Morphet, J. and Shimoinaba, K. (2013) "How Death Anxiety Impacts Nurses' Caring for Patients at the End of Life: A Review of Literature," *Open Nursing Journal*, 7: 14-21.

Pietrzak, R. H., Tracy, M., Galea, S., Kilpatrick, D. G., Ruggiero, K. J., Hamblen, J. L., Southwick, S. M. and Norris, F. H. (2012) "Resilience in the Face of Disaster: Prevalence and Longitudinal Course of Mental Disorders Fllowing Hurricane Ike," *PLoS ONE*, 7(6): e38964.

Pope, D. G. and Schweitzer, M. E. (2011) "Is Tiger Woods Loss Averse? Persistent Bias in the Face of Experience, Competition, and High Stakes," *American Economic Review*, 101(1): 129-157.

Quattrone, G. A. and Tversky, A. (1988) "Contrasting Rational and Psychological Analyses of Political Choice," *American Political Science Review*, 82(3): 719-736.

Thaler, R. H. (2016) "Behavioral Economics: Past, Present, and Future," *American Economic Review*, 106 (7): 1577-1600.

Tracy, M., Norris, F. H. and Galea, S. (2011) "Differences in the Determinants of Posttraumatic Stress Disorder and Depression after a Mass Traumatic Event," *Depress Anxiety*, 28(8): 666-675.

Ursano, R. J., Fullerton, C. S. and Benedek, D. M. (2009) "What is Psychopathology after Disasters? Considerations about the Nature of the Psychological and Behavioral Consequences of Disasters," in Y. Neria, S. Galea and F. H. Norris eds., *Mental Health and Disasters*, 131-142, Cambridge University Press.

Van der Velden, P. G. and Kleber, R. J. (2009) "Substance Use and Misuse After Disasters: from Part Two - Psychopathology After Disasters," in Y. Neria, S. Galea and F. H. Norris eds., *Mental Health and Disasters*, 94-115, Cambridge University Press.

Vlahov, D., Galea, S., Resnick, H., Ahern, J., Boscarino, J. A., Bucuvalas, M., Gold, J. and Kilpatrick, D. (2002) "Increased Use of Cigarettes, Alcohol, and Marijuana among Manhattan, New York, Residents after the September 11th Terrorist AttacksJun," *American Journal of Epidemiology*, 155(11): 988-996.

第 4 章

被災が今を重視させる
現在バイアスの影響

はじめに

　ここまで、災害は人々の社会関係やさまざまな財の量を変化させることで人々の生活にさまざまな影響を与え、さらにそうした変化は人々の効用やこころの健康に影響を与える可能性があることを確認してきた。このことは、災害は人々の効用やこころの健康だけではなく、人々が選択や行動を決めるよりどころとなる人々の好み（経済学では「選好」と呼ぶ）にも影響を与える可能性があることを示唆する。選好は行動の土台であり、災害によって影響を受けたものの市場価格や、社会関係の変化に対する個人や社会の反応の決定要因になると考えられる。そのため、災害と選好の関係を明らかにすることは、災害とこころの健康の間のつながりを説明するために重要な役割を果たす可能性がある。

　伝統的な経済学では、個人の選好は時間を通じて変化しないものとして扱われてきた。しかし近年、個人の選好は社会経済的な状況から影響を受けることや、災害などの衝撃的な経験が個人の選好を変化させる可能性があることが明らかになっている。そこで、筆者らは双葉町のデータを用いて個人の時間選好の 1 つである「現在バイアス」が、災害によってどのように変化したのかを検証した。現在バイアスには、災害被災者の間でみられる過食、ギャンブル、飲酒、喫煙などさまざまな健康によくないと考えられる行動を引き起こす可能性があることが知られている。しかし、こうした重要性にもかかわらず、これまでの研究では、災害と現在バイアスの関係についてはほとんど研究がなされてこなかった。そこで、筆者らの研究では災害による現在バイアスの変化に注目した。

　本章では、まず第 I 節で現在バイアスを含む時間選好の概念を説明し、第 II 節では時間選好と、もう 1 つの代表的な選好であるリスク選好の社会経済的決定要因に関するこれまでの研究を紹介する[1]。リスク選好の代表的なモデルは前章で紹介したプロスペクト理論に基づき、損失局面でのリスク愛好性と利得局面でのリスク回避性をモデル化したものである。そして第 III 節では、双葉町のデータを用いて行った災害の現在バイアスへの影響の検証結果を紹介する。

----

1) リスク選好とは、リスク愛好性・回避性の程度のことを示す。たとえば、5000 円確実にもらえるのと 50% の確率で 1 万円もらえるくじに参加するのを選択する状況を考える。リスク愛好性が高い個人であれば、くじに参加することを選ぶと考えられるし、リスク回避性の高い個人であれば、確実に 5000 円を選ぶと考えられる。

I
時間選好とは

1 時間割引率

　突然だが、以下の A と B どちらか好きな方を選んでお金をもらえることに
なった場合、あなたはどちらを選ぶだろうか**2)**。

　A：今日もらえる 1 万円
　B：1 カ月後にもらえる 1 万 100 円

　多くの人が、A の今日もらえる 1 万円を選ぶのではないだろうか。これは、
人間には、将来もらえるお金の価値を、（現在の価値にすると）表面上の金額よ
りも小さく感じる＝割り引いて感じる傾向があることを示している。
　人間が、将来の価値を割り引く率のことを「時間割引率」という。時間割引
率は主観的な感覚なので、人によって異なる。たとえば、先ほどの選択では A
を選んだ人でも、今日もらえる 1 万円と 1 カ月後にもらえる 1 万 500 円という
選択肢だったら、1 カ月後にもらえる 1 万 500 円を選ぶ人もいるだろう。一方
で、1 カ月後にもらえる金額が 1 万 1000 円だったとしても、今日もらえる 1
万円を選ぶ人もいるかもしれない。時間割引率が大きい、つまり、1 カ月後に
もらえる金額が今日もらえる金額よりもとても大きいような場合でなければ、
今日もらうことを選ぶ人は早くもらいたいというせっかちな人ということで、
時間割引率は「せっかちさ」や現在を重視する程度を表すと言われている**3)**。
また、時間割引率が大きい人は、お金や健康などの長期的な計画を立てにくい
傾向があることが知られている。

2) 本項から第 3 項までは、以下の記事に基づいている。岩﨑敬子「後回し傾向で、貯蓄
額は 211 万円減少・肥満率は 2.8 ポイント上昇？！──ダイエットや貯金を妨げる双曲
割引とは」3 分でわかる新社会人のための経済学コラム、第 110 回、2019 年 4 月 2 日、
日本生命保険ホームページ（https://www.nissay.co.jp/enjoy/keizai/110.html）。
3) 池田（2012）。

2　現在バイアス

▶ 遠い将来は待てるけれど近い将来ではせっかちに

それでは、次の場合はあなたなら A と B どちらを選ぶだろうか。

A：6 カ月後にもらえる 1 万円
B：7 カ月後にもらえる 1 万 100 円

この場合は、B を選ぶ方も多いのではないだろうか。先ほどの選択と同じで、A と B の選択肢の間の期間は 1 カ月で、もらえる金額の差は 100 円なので、「せっかちさ」が近い将来でも遠い将来でも同じならば、先ほどの選択で A を選んだ人は、今回も A を選ぶはずである。しかし、「せっかちさ」は、近い将来では大きく、遠い将来では小さくなる傾向があることが知られている。このため、先ほどの質問では A を選んでいた人も、この質問では B を選ぶようになることがあるのだ。

この「せっかちさ」が、近い将来で大きく、遠い将来では小さくなる傾向を、「現在バイアス」と呼ぶ。現在バイアスは横軸を時間経過、縦軸を主観的な価値とすると、反比例（双曲線）のグラフで表される場合に発生することから、「双曲割引（hyperbolic discounting）」と呼ばれることもある。双曲割引は、図 4.1 で表すことができる。今すぐ得られるものと 1 カ月後に得られる同じものの価値を比べると、1 カ月後に得られる同じものの価値は大きく割り引かれるため、今すぐ得られるものの方が価値は大きく感じる。しかし、6 カ月後のものの価値と、7 カ月後の同じものの価値を比べると、主観的な価値の差は小さくなるのである。そのため、現在と 1 カ月後の選択では 100 円少なくても現在を選んだ人も、6 カ月後と 7 カ月後の選択では 100 円多い 7 カ月後を選択するようになることがあるのである[4]。

---

[4] 今すぐ得られるものへの喜びが大きいことは少なくとも古代ギリシャ時代には認識されており、現在バイアスの考え方自体は新しいものではない。しかし、学術的な側面から双曲割引として定式化されてきたのは 1960 年以降である。さらに 1994 年のレイブソンによる双曲割引と消費に関する研究がきっかけで（Laibson 1994）、その後の現在バイアスへの研究が花開いたと言われている（O'Donoghue and Rabin 2015）。

図 4.1　双曲割引

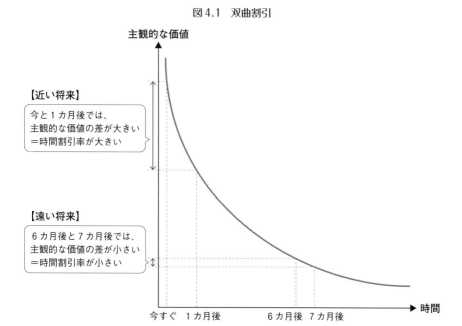

3 現在バイアスが引き起こす先送り行動

　現在バイアスは、言い換えれば「目先の利益を優先してしまう傾向」である。そのため、現在バイアスの程度が強いほど、先送り行動を引き起こしやすくなる。ダイエット計画の実行を思い浮かべてみよう。ダイエットのために完璧な計画を立てても、いざ目の前にケーキの誘惑が現れると、現在バイアスの程度が強い人は、目先の喜びであるケーキを食べることを優先してしまう。ダイエットを計画する時点ではケーキを我慢するのは遠い将来なので、小さな「せっかちさ」で判断するため、ダイエットに成功することの価値を大きく感じる。しかし、いざケーキを目の前にすると、大きな「せっかちさ」で判断することになる。すると、ダイエットの成功で得られる将来の喜びは、大きく割り引かれてしまい、ケーキを食べるという目先の喜びの方が大きく感じるようになる（図 4.2 参照）。そのため、結局ダイエット計画の実行は先送りになってしまう。つまり、「ダイエットは明日から」という先送り行動は双曲割引がもたらす現

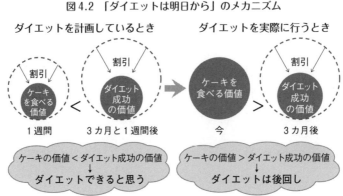

図 4.2　「ダイエットは明日から」のメカニズム

在バイアスによるものと考えられるのだ。

　貯金の難しさや借金についてもダイエットと同様に考えることができる。綿密な貯金の計画を立てても、いざ貯金をするときには、将来目標額を達成することの価値は大きく割り引かれて、目先の利益として欲しいものを購入することの価値の方が大きく感じるようになるのだ。近年の行動経済学の研究では、実際に、双曲割引の程度が強い人は、それが平均的な人に比べて、65 歳時の退職貯蓄額が、約 1 万 9000 ドル（日本円で約 211 万円[5]）少なかったことが報告されている[6]。また、同様に双曲割引の程度が強い人はクレジットカードによる負債が多い傾向があることも報告されている[7]。

4 現在バイアスが健康に及ぼす影響

4.1　現在バイアスと肥満、飲酒、薬物

　現在バイアスは、健康状態にも影響を与えることが知られている。現在バイ

---

[5]　1 ドル 111 円換算。

[6]　Goda et al.（2019）.

[7]　Meier and Sprenger（2010）.

アスが強いと、今食べることの喜びを大きく感じてしまうことでダイエットの成功が難しいことは、先に述べた通りである。また、現在バイアスは運動を後回しにすることでもダイエットの成功を妨げる可能性がある[8]。多くの人にとって運動という努力を伴う行動をするよりも、ソファでゴロゴロしながらテレビをみる方が努力を必要とせず快適だからである。さらに、現在バイアスは食生活にも影響する可能性がある。将来の健康のために手間をかけて健康的な料理をつくって食べるよりも、ファストフードを手軽に食べるという選択をする可能性があるからである。実際に、現在バイアスの程度が強い人は肥満である確率が高いことが報告されている[9]。

　現在バイアスは、肥満をもたらす過食や不摂生な食生活、運動不足の他にも、飲酒、喫煙、薬物への依存を引き起こす可能性があることが報告されている[10]。これらの行動はすべて、将来の健康被害というコストを割り引いて小さく感じ、現在の飲酒、喫煙、薬物使用による喜びをそのコストに対して大きく感じてしまうという現在バイアスによってもたらされると考えることができる。飲酒や喫煙を明日からはやめようと計画していたとしても、実際に明日がやってくるとそのときの喜びを大きく感じて結局やめることができないのだ。

Column ④　セルフ・コントロールとコミットメント・デバイス

　現在バイアスによってもたらされる行動の例から、現在バイアスがセルフ・コントロールを難しくする要因になっていることがわかる。しかし、現在バイアスが強い傾向にあったとしても、それを自分自身で認識している人と認識していない人では行動が異なることも知られている。目の前の利益を優先した選択を防ぐ方法に「コミットメント」があり、現在バイアスが強いことを自覚している人はそうした方法を利用していると考えられるからだ。コミットメントとは、計画通りにならなかったときのペナルティを設定しておくことである。ダイエットの例で言えば、「3 カ月後までに痩せなかったら、あなたに 5 万円支払います」と宣言することなどが挙げられる。

　コミットメントの活用を示した有名な実験に、宿題の提出期限を使ったもの

8）White and Dow（2016）.

9）池田（2012）。

10）O'Donoghue and Rabin（2003）.

がある[11]。この実験では 3 つのクラスの学生に、12 週間の学期中に 3 本のレポートを出すように指示し、それぞれのクラスで異なる締切を設定した。1 つめのクラスでは最後の講義までに 3 つのレポートを提出すればよく、2 つめのクラスでは 4 週目、8 週目、12 週目に 1 本ずつの締切を設けた。そして 3 つめのクラスでは学期の始めに自分自身で 3 本のレポートそれぞれの締切を設定させた。どのクラスでも締切に遅れるとペナルティとして減点されることが伝えられた。

　このなかで最終的に最も成績が良かったのは 2 つめの締切を細かく設定されたクラスで、最も成績が悪かったのは 1 つめの締切が細かく設定されなかったクラスであった。3 つめの自分で締切を設定するクラスでも、多くの学生が最後に 3 本のレポートすべての期限を設定するわけではなく、3 つそれぞれの締切を設定した。つまり、多くの学生が自分の現在バイアスの傾向に気づいてコミットメントを活用したと考えられるが、強制的に締切を細かく設定されたクラスよりは成績が良くなかった。このことは、自分自身の現在バイアスの程度を正確に把握して、自分自身でコミットメントを設定することの難しさを示す一方で、コミットメントをまったく使わないよりは効果があったことを示したという意味で、先送りを防ぐ仕組みであるコミットメント・デバイスの重要性を示唆するものでもある。

4.2　現在バイアスとこころの健康

　現在バイアスとこころの健康の関係については、こころの健康が現在バイアスに影響しているという視点と、現在バイアスがこころの健康に影響しているという視点の両面から研究が進められてきている。今のところ、より確立されているのはこころの健康が現在バイアスに影響を与えるという流れだと言える。この流れを確立した代表的な研究は、2014 年に *Science* 誌で発表された実験によるものである[12]。この実験では、トリートメントグループの人々にコルチゾールというストレスホルモンの値を高めるヒドロコルチゾンを投与し、その後の現在バイアスの程度を計測した。その結果、ヒドロコルチゾンが投与されたグループではそうでないコントロールグループの人と比較して、平均的に先送り傾向が強くなることが確認されたのである。この結果は実験で因果関係の存在を示していることから、こころの健康が現在バイアスに影響を与えるという関係の方向を証明する強い証拠になっている。

----

11) Ariely and Wertenbroch（2002）.

12) Haushofer and Fehr（2014）.

　一方、先述したように、現在バイアスは、健康に悪いさまざまな行動を引き起こすことが知られている。そして、こうした健康に悪い行動に含まれる飲酒や喫煙は、こころの健康に負の影響を与えることが報告されている[13]。そのことから、現在バイアスは健康に悪い行動を引き起こすことを通して、こころの健康に負の影響を与える可能性が示唆されるのである。このように、こころの健康と現在バイアスの関係についてはどちらの方向の影響も考えられるため、今後より実証研究の積み重ねが必要な分野だと言える。

5 現在バイアスの計測方法

　では、現在バイアスはどのように計測できるのだろうか。その計測方法は主に2つに分けることができる。1つめは実験による計測で、2つめは質問紙を用いた計測である。

5.1　実験を使った計測方法

　実験を用いた代表的な計測方法には、これまで多くの研究で用いられてきた「Multiple Price List（MPL）」と、より近年に提唱された「Convex Time Budget（CTB）」がある。どちらも、お金の受け渡しを伴う実験で、参加者に異なる時点間における異なる金額の受領について望ましいものを選んでもらう方法である。

⑴ **Multiple Price List**

　Multiple Price List を用いた調査票の例は表4.1の通りである。回答者は、今日と1カ月後の間の2時点と、6カ月後と7カ月後の間の2時点においてそれぞれ実際に好ましい受け取り方を選択する。今日と1カ月後の選択をみてみると、今日もらえる金額は質問が進むにつれてだんだん減少している。時間割引率がゼロに近い人であれば、2番以降はすべて1カ月後を選ぶだろうし、時間割引率が大きい人は、今日もらえる金額が1カ月後の半分であっても、今日

---

13) Story et al.（2014）, Ikeda et al.（2010）, Kang and Ikeda（2014, 2016）.

表4.1　Multiple Price List の実験例

あなたは、今日か1カ月後のタイミングでお金をもらうとします。次の番号1から番号7までについて、今日か1カ月後のどちらかに各金額をもらえるとした場合、どちらを選択しますか。たとえば番号1では、今日8000円もらうのと、1カ月後に8000円もらうのでは、どちらが良いかを選択してください。番号2以降は今日を選択した場合にもらえる金額が変わっていきます。番号ごとに選んでください。

		今　日	1カ月後
1．今日：8000円	1カ月後：8000円	○	○
2．今日：7500円	1カ月後：8000円	○	○
3．今日：7000円	1カ月後：8000円	○	○
4．今日：6500円	1カ月後：8000円	○	○
5．今日：6000円	1カ月後：8000円	○	○
6．今日：5000円	1カ月後：8000円	○	○
7．今日：4000円	1カ月後：8000円	○	○

あなたは、6カ月後か7カ月後のタイミングでお金をもらうとします。次の番号1から番号7までについて、6カ月後か7カ月後のどちらかに各金額をもらえるとした場合、どちらを選択しますか。たとえば番号1では、6カ月後に8000円もらうのと、7カ月後に8000円もらうのでは、どちらが良いかを選択してください。番号2以降は6カ月後を選択した場合にもらえる金額が変わっていきます。番号ごとに選んでください。

		6カ月後	7カ月後
8．6カ月後：8000円	7カ月後：8000円	○	○
9．6カ月後：7500円	7カ月後：8000円	○	○
10．6カ月後：7000円	7カ月後：8000円	○	○
11．6カ月後：6500円	7カ月後：8000円	○	○
12．6カ月後：6000円	7カ月後：8000円	○	○
13．6カ月後：5000円	7カ月後：8000円	○	○
14．6カ月後：4000円	7カ月後：8000円	○	○

もらうことを選ぶかもしれない。そのため、1カ月後を選ぶようになった時点の割引率をその人の時間割引率と捉えることができるのである。6カ月後と7カ月後の選択でも同様にその人の時間割引率を捉えることができる。どちらかのみの実験で時間割引率を捉える場合もあるが、表4.1のように2種類の時点間における選択を行った場合、過去の研究では（Meier and Sprenger 2011）、今日と1カ月後の選択で示された時間割引率と6カ月後と7カ月後の選択で示された時間割引率の平均をその人の時間割引率としている。

　では、現在バイアスについてはどのように計測できるのだろうか。MPLを用いた場合、現在バイアスは今日と1カ月後の選択と6カ月後と7カ月後の選択の違いをみることで把握することができる。時間割引率が一定であれば（現在バイアスがなければ）、今日と1カ月後の選択も6カ月後と7カ月後の選択も

同じになるはずである。一方、現在バイアスがある場合は、今日と 1 カ月後の
選択では、6 カ月後と 7 カ月後の選択よりも時間割引率が大きくなると考えら
れるのである[14]。

⑵ Convex Time Budget

MPL を用いた時間選好の計測はさまざまな場面で用いられているが、選好
は線形と仮定されているため、より現実的に考えて効用関数に湾曲性がある場
合に、正確に時間割引率を計測できないという欠点がある。そこで、選好の湾
曲の程度、現在バイアスの程度、時間割引率を同時に計測する方法として、
Convex Time Budget が開発された[15]。この手法を用いた調査票の例は、表
4.2 の通りである。

表 4.2 では参加者は 1〜12 のそれぞれに対して、A〜F の選択肢から最も好
ましいものを選択する。A と F の選択肢だけであれば、先に説明した MPL と
同じ設計であることがわかる。CTB では MPL に B〜E の選択肢が追加される
ことで、効用関数の湾曲性を考慮に入れた推定が可能になるという論理である。
実際の計測では、表 4.2 で紹介した今日と 5 週間後および 5 週間後と 10 週間
後の選択のみでなく、今日と 10 週間後や、5 週間後と 15 週間後の間での選択
も含まれる。時間割引率、湾曲の程度、現在バイアスの詳細な計算方法は、先
行研究[16]を参照いただければと思うが、現在バイアスに関する考え方は MPL
と同じで、今日と 5 週間後の選択肢で捉えられる時間割引率が 5 週間後と 10
週間後の選択で捉えられる時間割引率より大きい場合に現在バイアスがあると
考えることができる。

5.2　質問紙を用いた計測方法

実験を用いた計測では実際にお金の受け渡しを伴うことからより真剣な回答
が期待でき、また時間割引率も計測できる。一方で、現実社会での妥当性や、
実験の実施にかかるコストが時間的にも金銭的にも大きいという課題がある。

---

14) Meier and Sprenger（2010）.
15) Andreoni and Sprenger（2012）.
16) Andreoni and Sprenger（2012），Andreoni et al.（2015）.

表4.2 Convex Time Budget の実験例

		A	B	C	D	E	F
1	今日	1900円	1520円	1140円	760円	380円	0円
	5週間後	0円	400円	800円	1200円	1600円	2000円
2	今日	1800円	1440円	1080円	720円	360円	0円
	5週間後	0円	400円	800円	1200円	1600円	2000円
3	今日	1700円	1360円	1020円	680円	340円	0円
	5週間後	0円	400円	800円	1200円	1600円	2000円
4	今日	1600円	1280円	960円	640円	320円	0円
	5週間後	0円	400円	800円	1200円	1600円	2000円
5	今日	1400円	1120円	840円	560円	280円	0円
	5週間後	0円	400円	800円	1200円	1600円	2000円
6	今日	1100円	880円	660円	440円	220円	0円
	5週間後	0円	400円	800円	1200円	1600円	2000円
7	5週間後	1900円	1520円	1140円	760円	380円	0円
	10週間後	0円	400円	800円	1200円	1600円	2000円
8	5週間後	1800円	1440円	1080円	720円	360円	0円
	10週間後	0円	400円	800円	1200円	1600円	2000円
9	5週間後	1700円	1360円	1020円	680円	340円	0円
	10週間後	0円	400円	800円	1200円	1600円	2000円
10	5週間後	1600円	1280円	960円	640円	320円	0円
	10週間後	0円	400円	800円	1200円	1600円	2000円
11	5週間後	1400円	1120円	840円	560円	280円	0円
	10週間後	0円	400円	800円	1200円	1600円	2000円
12	5週間後	1100円	880円	660円	440円	220円	0円
	10週間後	0円	400円	800円	1200円	1600円	2000円

そこで、より簡便に多くの人を対象に行うことができる質問紙を用いた調査に、主観的な自分の特性に関する質問や先送り傾向を捉える行動指標を含めて、現在バイアスの代理変数として使う方法もさまざまな研究で取り入れられてきた。たとえば、「私は今日を生きるタイプで明日のことは考えない」という文章にどれくらい当てはまるかという程度を聞き、当てはまる程度が強い人を現在バイアスが強いと考えて変数に利用する例がある[17]。

17）Pinger（2017）.

　他にも、「夏休みの宿題をいつごろやったか？」という行動指標の質問が使われた研究もある[18]。夏休みの宿題をいつやるのかは個人の判断にゆだねられている。さらに、夏休みの宿題は多くの人にとって憂うつなものであろう。この夏休みの宿題を夏休みが始まってすぐにやってしまう人は先送り傾向が弱い（現在バイアスがない、または弱い）人で、終わりごろにやる人は先送り傾向が強い（現在バイアスが強い）人と考え、現在バイアスの指標として用いるのである。

　質問紙による行動指標を用いた計測方法では思い出しバイアスが避けられない等の課題があるが、実験の結果との整合性や行動等に関する報告でその頑健性が確認されてきている[19]。こうした流れのなかで、第III節で紹介する筆者らの双葉町のデータを用いた研究では、オリジナルな質問である「年賀状を出すタイミング」を現在バイアスの指標として用いている。近年年賀状の発行枚数は減ってきたとは言え、2020年の年賀はがき発行枚数は24億4090万1000枚で[20]、2020年1月時点の日本の人口が約1億2500万人であることから、日本在住者1人当たり平均で20枚ほど出していることになり、日本における非常に一般的な文化であると言える。そして、年賀状は1月1日に届くことが理想であることは周知である。1月1日に届くためには12月25日ごろまでに投函する必要があることも知られている。しかし、年賀状を書いたり、投函したりすることは努力を伴うものであり、現在バイアスが強いと先送りすることが予想されるため、現在バイアスの指標となると考えられるのである。

18) Ikeda et al.（2010）, Kang and Ikeda（2014, 2016）.
19) Pinger（2017）.
20) 日本郵政「プレスリリース　2020（令和2）年用年賀葉書および寄附金付お年玉付年賀切手当せん番号の決定」（https://www.post.japanpost.jp/notification/pressrelease/2020/00_honsha/0119_01.html　2020年8月1日アクセス）.

II
時間選好・リスク選好の社会経済的な決定要因

　冒頭でも述べた通り、伝統的な経済学では個人の選好は時間を通じて不変で、社会から影響を受けないものとして扱われてきた。そのため、個人の行動の変化は、選好の変化ではなく周りの状況や選択肢の変化によって説明されてきた。経済学の分野で選好が時間を通じて不変で、社会から影響を受けない変数として扱われてきた主な理由は、選好が変化すると仮定してしまうと、あらゆる直接的な選好の変化によってすべての行動の変化が説明できてしまう可能性があり、選好の変化を説明変数にした分析が結局無意味なものになることへの懸念であると考えられる。たとえば、もともとリンゴをよく食べていた人がリンゴよりもミカンを食べるようになった際には、その人のフルーツの好みが変わったからと説明し、ある人がいつもは電車で通勤していたのに車で通勤するようになった際にはその人の通勤手段の好みが変わったからと説明しても、その説明は何の知見も提供したことにはならない。そのため、選好が変化するものと仮定するにしても、その選好を規定する何らかの枠組みが必要になるのである。

　選好の枠組みを決めるためには、選好の決定要因を厳密に検証する必要がある。しかしながら、これまではいくつかの弊害がその検証を困難にしていた。まず、選好の理論的な理解が深まっておらず、選好の計測方法が確立されていなかった。さらに観察データによって、社会環境と選好の因果関係を明らかにする方法が乏しかったことも挙げられる[21]。しかし、近年はゲーム理論の発展等によって選好への理解が深まったことで、前節で紹介した MPL や CTB のように、時間選好やリスク選好の計測方法が確立されつつある。さらに、以前は検証が難しかったそれらの選好の決定要因についても、自然実験や操作変数法の活用が広がり、観察データを用いて検証が行われるようになってきている。本節では、近年増えている時間選好やリスク選好の社会経済的決定要因に関する先行研究を紹介する。実際に選好が変化する可能性があることはさまざまな研究で示されてきており、こうした研究の積み重ねによって、選好が時間

---

21) Fehr and Hoff（2011）.

を通じて変化し社会環境から影響を受ける変数として扱われるようになること
で、社会現象の理論的な説明の発展が期待される。

1 時間選好・リスク選好の決定要因

1.1　選好は社会環境の影響を受ける

　経済学の分野で社会によって影響を受けないとされてきた選好が、実際は環
境によって変化することを示唆する現象に、心理学の分野で有名な「アンカリ
ング効果」がある[22]。アンカリング効果とは、最初に掲示された数字や条件
(アンカー)によって、その後の判断が影響を受ける現象である。たとえば、
もともと定価が1万円だった服がセールで5000円になっていると表示されて
いる場合にはその服を買いたいと思うが、同じ服でも定価が5000円の場合に
はその服を買いたいとは思わないという状況が考えられる。1万円の定価から
5000円になった場合は定価がアンカーとして作用し、お得感が強まることで、
そのものへの選好が高まると考えられるのだ。

　他にも心理学の分野では、人々の判断が初期設定によって影響を受ける「デ
フォルト効果」や、情報の掲示方法によって人々の意思決定が変化する「フレ
ーミング効果」が存在することが報告されている。たとえば、デフォルト効果
の有名な例としては脳死した場合に臓器提供を行うことをデフォルトにして、
臓器提供をしたくない場合に意思表示をする必要がある国と、臓器提供をしな
いことをデフォルトにして、臓器提供をしてもよい場合に意思表示をする必要
がある国では、前者の方が臓器提供を選択する人の割合がかなり多くなること
が報告されている[23]。また、フレーミング効果の例としては、医師が患者に
手術を受けるかどうかの判断を求める際に手術による生存率を示した場合の方
が、死亡率を示す場合よりも、手術を受けることを選択する傾向が高まること
が報告されてきた[24]。「90%の確率で成功する手術」と説明した場合と「10%

----

22) Fehr and Hoff（2011）.
23) Johnson and Goldstein（2003）.
24) Moxey et al.（2003）.

の確率で失敗する手術」と説明した場合では、前者の説明を受けた人の方が手術を受けることを選択する割合が大きくなる傾向があるということである。こうした心理学の分野での発見は、個人の選好が置かれた環境に影響を受ける可能性を示すものである。

　さらに、インドで行われた実験によって、環境が変わることで人々の努力への選好が変化したことが報告された[25]。この実験は、現在もインド北部の農村地域で広くいきわたっているカースト制に注目して行われたものである。カースト制では、高い位にある人は低い位にある人に比べて常に社会的に優れているとされ、低いカーストに属する人々は高い位にある人と居住地域を分けることを強制されていることもある。実験は低いカーストの中学生の男子と高いカーストの中学生の男子あわせて6名が参加するセッションで、個々人に迷路を解かせるものであった。セッションは3種類の設定で行われた。1つめの設定では、参加者のカーストについて他のセッション参加者に明らかにされることはなかった。2つめの設定では、セッションが高いカーストの中学生3名と低いカーストの中学生3名で構成され、それぞれのカーストが他の参加者に知らされた。そして3つめの設定では、6名すべてが低いカーストもしくは高いカーストの学生のみで構成され、そのセッションに参加する他の参加者のカーストが伝えられた。

　この実験の結果、高いカーストの中学生は3つめの設定において1つめや2つめの設定より迷路の回答数が少ない傾向がみられた。これは高いカーストの学生は優れた者として常に自信を持っている必要があり、よいパフォーマンスを行うべきであるというステレオタイプによって、周囲の人のカーストがわからない場面や低いカーストの人と同じセッションで問題に取り組む際には、高いカーストの学生は努力をするのに対して、高いカーストの学生のみで行った実験では、個々人の評価はすでにカーストや家族によって確立されており、改めてパフォーマンスによって自分が優れた者であると周囲に示す必要がないために、たくさん回答する努力をしないからだと説明できる。つまりこの実験結果は、カーストが明らかか否かという社会環境によって、努力への選好が異なっていることを示していると考えることができる。

25) Fehr and Hoff（2011）.

1.2　社会経済的な決定要因の検証

　社会環境によって変化する可能性が示唆されている選好のなかでも、特に時間選好とリスク選好は人々の行動を予測する重要な選好として多くの先行研究で理解が深まり、その計測方法が確立されてきている。そして、その社会経済的な決定要因を検証する研究が蓄積されてきている。収入の変化や、失業、健康状態や家族構成の変化といった社会経済的なショックは、時間選好やリスク選好に影響を与えないと報告した研究が多数ある[26]一方、社会経済的なショックによって選好が変化する可能性があることを報告した研究も多く存在するものの[27]、どのように変化させるかについては一貫していない。

　たとえば、2008年に起こったリーマンショックがドイツの人々をリスク回避的にした傾向が報告されている[28]。また、収入の上昇や貯金の増加は人々の現在バイアスの程度を小さくする一方で、収入や貯金の低下は人々の現在バイアスの程度を大きくすることが報告されている[29]。他にも、干ばつや洪水といった農業への影響や、ビジネスの廃業等の経済的なショックは、タイの農村地帯においてリスク回避性を高めたという報告もある[30]。

　さらに、教育についても時間選好やリスク選好に影響を与える可能性があることが報告されている。たとえば、ランダム化比較試験（RCT）によって金融教育を受けた高校生の現在バイアスの程度が小さくなった傾向があることが示された[31]。他にも、RCTによって女性のみのセッションで議論した女子大学生は、リスク愛好的になる傾向があることも報告されている[32]。一方でインドのスラム地域で行われた女性に対する職業訓練は、リスク選好に影響を与えなかったという報告がある[33]。

　他にも、世界の国や地域ごとにみられる時間選好の違いは、産業化前の農業

----

26) Brunnermeier and Nagel（2008），Chiappori and Paiella（2011），Sahm（2012），Meier and Sprenger（2015）.
27) Chuang and Schechter（2015）.
28) Necker and Ziegelmeyer（2016）.
29) Dean and Sautmann（2014）.
30) Sakha（2019）.
31) Lührmann et al.（2018）.
32) Booth et al.（2014）.
33) Dasgupta et al.（2017）.

気候の影響を受けていることが示されている[34]。産業化前に農業に適した気候であった地域では、現代においても長期主義的な傾向（時間割引率が低い傾向）がみられることが明らかになったのだ。これは「コロンブス交換」による耕作に適した穀物の歴史的な広がりを用いた自然実験として因果関係を示す実証研究であり、社会環境が人々の時間選好の形成に影響を与えていることを示す証拠と捉えることができる。

2 災害が時間選好・リスク選好に及ぼす影響

　個々人の選好が社会経済的な要因に影響を受ける可能性が示されてきたなかで、社会経済的な状況を大きく変化させる災害が選好に及ぼす影響についても研究が蓄積されつつある。しかし、これまで報告されてきた影響はさまざまで、一貫した結果が得られていない。

　たとえば、タイの農村地域で津波（2004 年）の被害を受けた人は時間割引率が大きくなる傾向が確認された[35]。さらにフィリピンの洪水（2012 年）の被害や、東日本大震災（2011 年）の津波被害が現在バイアスを強める傾向があったことが報告されている[36]。一方で、インド洋津波（2004 年）はスリランカの労働者の間で時間割引率を小さくする影響があったことが報告されている[37]。また、カンボジアの米農家を対象に行われた実験でも、大洪水（2011 年）の被害を受けた人は時間割引率が小さくなる傾向があったことが報告されている[38]。

　自然災害がリスク選好に及ぼす影響については、災害の時間選好への影響よりも多くの研究が蓄積されているものの、災害が人々をリスク回避的にするという報告と、リスク愛好的にするという報告の両方がある。たとえば、インドネシアの農村地区で行われた実験では、近年中に洪水や地震を経験した人々は

34) Galor and Özak（2016）.
35) Cassar et al.（2017）.
36) Sawada and Kuroishi（2015a, b）, Akesaka（2019）, Kuroishi and Sawada（2019）.
37) Callen（2015）.
38) Chantarat et al.（2015）.

その後よりリスク回避的になったことが報告されている[39]。また、先にも触れたタイの農村地区で行われた実験でも津波の被害を受けた人はその後長期的にリスク回避傾向が高まったことが報告されている[40]。さらに、先にも触れたカンボジアの米農家を対象に行われた実験でも、大洪水の被害を受けた人のなかで特に貧しい人々がリスク回避的になったことが報告されているほか[41]、ニカラグアとペルーで行われた実験でもハリケーン・ミッチ（1998年）や干ばつによる被害が、人々をリスク回避的にしたことが報告された[42]。ほかにも、ベトナムにおいて調査時点（2012年）から過去5年以内に洪水被害を受けた地域の人々は、洪水被害を受けていない地域の人々よりリスク回避的であることが報告されている[43]。こうした研究では、災害がリスク回避性を高める要因として、災害を経験することで、将来の災害に対するリスクへの認識が大きいものとなることで、リスク回避的になる傾向がみられる可能性があると説明されている。

　一方で、米国のハリケーン・カトリーナ（2005年）による避難者はリスク愛好的な傾向があったことが報告されており[44]、ハリケーンによる被災が人々をリスク愛好的にした可能性が示唆されている。ほかにも、災害前後のパネルデータを用いて、東日本大震災の被害が大きかった男性が長期的にリスク愛好的になる傾向がみられたことも報告されている[45]。また、フィリピンの島々で行われたフィールド実験では、台風被害（BOPHA、2012年）を受けた女性がリスク愛好的になる傾向がみられたことが報告されている[46]。同様に、インド洋津波（2004年）の被災者についての研究でも、貧しい人々の間で災害後のリスク愛好性が高まったことが報告された[47]。災害後にリスク愛好的になる理由としては、災害によってもたらされた負の感情による誘発の可能性が指摘

---

39) Cameron and Shah（2015）.
40) Cassar et al.（2017）.
41) Chantarat et al.（2015）.
42) Van den Berg et al.（2009）.
43) Reynaud and Aubert（2020）.
44) Eckel et al.（2009）.
45) Hanaoka et al.（2018）.
46) Bchir and Willinger（2013）.
47) Ingwersen（2015）.

されているほか[48]、人々が負の影響を受けるとより大きな報酬を取り戻すために大きなリスクをとるようになるというプロスペクト理論と整合的であるということからも説明されている[49]。

　自然災害のみでなく、人的災害が選好に及ぼす影響についても研究がなされてきたが、自然災害の選好への影響と同様に一貫した結果は示されていない。たとえば、ブルンジでの調査において内戦が激しい地域に置かれた人々はよりリスク愛好的で、時間割引率が大きい傾向があることが実験によって確認された[50]。一方で、朝鮮戦争のピーク（1950年）を4歳から8歳のときに経験した人は、その後50年が経ってもリスク回避的な傾向があることが報告されている[51]。

　このように、自然災害においても人的な災害においても、先行研究の災害の選好への影響は一貫していない。そのため、今後ますますの実証研究の積み重ねと、災害の選好への影響のメカニズムの整理が必要であると考えられる。

----

48) Eckel et al.（2009）.
49) Abatayo and Lynham（2020）.
50) Voors et al.（2012）.
51) Kim and Lee（2014）.

III
双葉町民の現在バイアスとこころの健康の変化

　これまで紹介したように、災害が選好に与える影響についての先行研究の結果は一貫しておらず、さらなる実証研究の積み重ねが必要である。特に現在バイアスについては実証研究がほとんどないが、災害被災者の間に過食、ギャンブル、飲酒、喫煙などさまざまな健康によくないと考えられる行動を引き起こす可能性があることが知られているのは、前節でも述べた通りだ。そのため、災害が現在バイアスに及ぼす影響を把握することは重要と考えられる。また、こうした行動はこころの健康に影響を与えることが知られているため、災害と現在バイアスの関係を検証することは、災害とこころの健康のつながりに新たな知見をもたらす可能性がある。さらに、双葉町は自然災害と人的災害の複合災害という特殊な環境にあるために、他の災害とは異なる重要な特徴がみられる可能性もある。そこで、本節では双葉町の健康政策への貢献と、こうした先行研究への貢献を目的として筆者らが行った、災害被害の大きさと現在バイアスの関係に関する実証分析を紹介する。

　この分析では、震災前の現在バイアスの強さを先行研究に従って[52]「夏休みの宿題をやった時期」で捉え、震災後の現在バイアスの強さを「年賀状を出した時期」で捉えた。また、災害被害の大きさを双葉町の自宅被害の大きさによって捉え、災害前の現在バイアスが災害被害によってどう変化したのかを検証した。結果を先取りしてお伝えすれば、災害被害によって現在バイアスが増大することが確認された。さらに、現在バイアスの増大はこころの健康の悪化につながっている可能性があることも確認された。つまり、「災害被害 → 現在バイアスの増大 → こころの健康悪化」というつながりが示されたのだ。この結果は、災害被害によって増大された現在バイアスによる好ましくない行動を防ぐために、コミットメント・デバイスの提供が重要だという政策的な示唆をもたらす。

----

[52] Ikeda et al.（2010）, Kang and Ikeda（2014, 2016）.

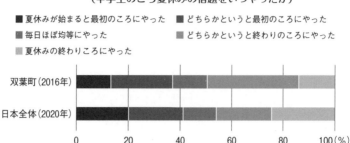

図4.3 震災前の現在バイアスの分布
（中学生のころ夏休みの宿題をいつやったか）

1 双葉町民の震災前後の現在バイアスと災害被害の状況

1.1 双葉町民の震災前の現在バイアスの程度

　筆者らの調査では震災前の現在バイアスの程度を捉えるために、「中学生の
ころ夏休みの宿題をいつやりましたか」という質問を用いた。第I節でも紹介
したように、これは現在バイアスの質問紙を用いた指標で、先行研究でも用い
られてきた指標である。夏休みが始まってすぐに宿題をやってしまった人は現
在バイアスがない（弱い）と考えられ、夏休みの終わりまで宿題をやらなかっ
た人は現在バイアスが強い人と考えることができる。分析の際には「夏休みが
始まると最初のころにやった」と回答した人を1、「夏休みの終わりごろにや
った」と回答した人を5として、1から5までの値をとる5段階の連続変数と
して扱った。

　この質問は、双葉町で筆者らが行った調査だけでなく、2020年にニッセイ
基礎研究所が全国の被用者を対象に行った独自のアンケート調査（「2020年被
用者の働き方と健康に関する調査」）にも含まれている。そこで、この質問に対
する回答について、ニッセイ基礎研究所の調査による全国の分布と筆者らの調
査による双葉町の分布を比較したものが、図4.3である。双葉町では、「どち
らかというと終わりのころにやった」もしくは「終わりのころにやった」と回
答した人の割合が全国の分布に比べて少しだけ多い傾向がある（現在バイアス
の傾向が強い）ことがわかる。

図4.4　震災後の現在バイアスの分布（年賀状を投函した時期）

1.2　双葉町民の震災後の現在バイアスの程度の変化

　震災後の現在バイアスの程度としては、筆者らの研究のオリジナルの指標として年賀状を出したタイミングを用いた。年賀状を出したタイミングが遅い人ほど、先送り傾向が強い、つまり現在バイアスの程度が強いと考えられる指標である。年賀状を出したタイミングについても、双葉町の調査項目として含まれた後に、先のニッセイ基礎研究所の調査に含まれたため、双葉町のみでなく、日本全体の分布も把握ができる。回答者の分布は図4.4の通りで日本全体では、12月25日までに年賀状を出す人は40%程度であるのに比べて双葉町では70%程度の人が12月25日までに出しており、双葉町民が年賀状を出す時期は非常に早い傾向があることがわかる。これは、日本全国の調査の対象が18〜64歳の被用者である一方、双葉町は全世帯主を対象の調査であり、65歳以上の方が多く含まれていることと、双葉町民の特性が影響している可能性が考えられる。つまり、65歳以上の人や双葉町民の間では、年賀状を1月1日に着くように出すことの重要性が高く感じられている傾向が表れている可能性が考えられる。

　分析の際の変数としては、11月中に出した人を0として12月1日に出した人を1、12月2日に出した人を2、…、12月31日に出した人を31、1月1日に出した人を32という形で数値化し、連続変数として扱った。

1.3　双葉町民の災害被害の大きさ

　筆者らの調査で示された双葉町の家屋被害の大きさの分布は図4.5の通りである。自己申告の値であるものの、家屋被害については町によって認定された

図4.5　双葉町の災害被害の分布

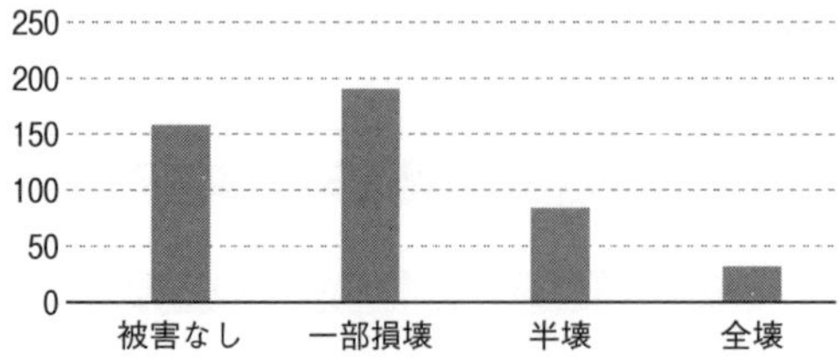

ものを回答してもらっているため、災害被災程度を客観的に把握する指標と考えることができる。分析の際の変数としては、「被害なし」を1、「全壊」を4とした連続変数として扱った。

2　双葉町民の災害被害と震災前後の現在バイアスの関係

2.1　分析方法と結果

　本分析では「夏休みの宿題をいつやったか」という質問で捉えられる災害前の現在バイアスの指標と、「年賀状をいつ出したか」という質問で捉えられる災害後の現在バイアスの指標を用いて、「家屋被害の大きさ」で捉えられた災害被害の大きさによって現在バイアスがどのように変化したかを検証した[53]。

　検証にあたってまず、災害被害が震災前の現在バイアスにかかわらずランダムに起こっていることを確かめる必要がある。現在バイアスの強い人がもともと壊れやすい家に住んでいたり、津波などの災害被害が予想される地域に多く住んでいたりする傾向がある場合は、災害被害の大きさが現在バイアスに影響を及ぼすのではなく、現在バイアスの強さが災害被害に影響を及ぼすという逆の因果関係を捉えてしまう可能性があるため、筆者らが検証したい災害被害の大きさが現在バイアスに及ぼす影響を正確に捉えることが難しくなるからだ。そこでまず、震災前の現在バイアス（夏休みの宿題をいつやったか）は、災害による家屋被害の大きさと統計的に有意な関係がないことを確認した。

　次に、メインの分析（図4.6の①の検証）として、震災後の現在バイアスの

---

[53]　ここで紹介する実証分析は、Sawada et al. (2018) に基づいている。

図 4.6　実証分析の手順

値（年賀状をいつ出したか）を被説明変数とし、災害被害の大きさ、震災前の現在バイアスの値（夏休みの宿題をいつやったか）、および災害被害の大きさと震災前の現在バイアスの値の交差項を説明変数としたモデルを推定した。その結果、災害被害の大きさと震災前の現在バイアスの値の交差項が災害後の現在バイアスを高める効果が、統計的に有意な関係として確認された。これは、もともとの現在バイアスの値が大きい人ほど、災害被害が大きいとその現在バイアスの値もより大きくなることを示すものである。つまり、もともとの現在バイアスが災害被害によって増大させられることが確認されたのだ[54]。

　さらに、筆者らは災害被害による現在バイアスの増大が災害被害とこころの健康のつながりを説明する可能性があるかどうかを検証した（図 4.6 の②の検証）。ここでは災害被害の大きさはランダムに決まっていると考えられるため、震災後の現在バイアスの強さという内生変数に対して災害被害の大きさを操作変数として用いた 2 段階最小 2 乗法のモデルを用いて、K6 の値で捉えられるこころの健康に対する現在バイアスの影響を検証した。その結果、災害被害は、現在バイアスを増大させることを通して、K6 の値を高める（こころのストレスを大きくする）可能性があることが示された。

　この推定では、災害被害の大きさを現在バイアスの操作変数とすることで、現在バイアスがこころの健康の悪化につながる可能性があることが示されたが、前節でも紹介したように、現在バイアスとこころの健康との関係については、こころの健康が悪化すると現在バイアスの傾向が大きくなるという逆の因果関係を証明する先行研究も蓄積されてきている。私たちの分析結果とこうした逆因果を示す先行研究の存在は、現在バイアスとこころの健康の間に双方向の関

[54]　①と②の分析では、選択バイアスに対応するため、第 2 章で紹介した分析と同様に、2010 年の国勢調査を用いて、ヘックマンの 2 段階推定法による分析を行った。

係があることを示唆している。そうした場合、災害が「心理的要因による貧困の罠（psychological poverty trap）」[55]のきっかけとなっている可能性が考えられる。この「罠」は、貧困によるストレスが現在バイアスの程度を強めることで、今日の浪費など経済的に近視眼的な選択につながり、そのことがさらに貧困を深刻にするというサイクルに陥る状況である。災害による現在バイアスの強まりやこころの健康の悪化がそのきっかけになる可能性が考えられるということである。今後は、こうした災害が「心理的要因による貧困の罠」につながる可能性についても検証が行われていく必要があるだろう。

2.2　政策的示唆

　筆者らの分析結果は、災害被害によって現在バイアスが強まり、現在バイアスが強まることがこころの健康の悪化をもたらす可能性があることを示した[56]。現在バイアスは肥満、飲酒、喫煙、薬物への依存を引き起こす可能性があることが報告されており、こうした行動はこころの健康を悪化させる可能性があることがこれまでの研究で報告されてきた。この分析結果は、そうしたつながりをサポートするものとなっている。このことは、災害被害によって増大された現在バイアスによる健康によくない行動を防ぐために、コミットメント・デバイスの提供やさまざまなナッジが重要であるという政策的な示唆をもたらす。

　Column ④（143 頁）で紹介したコミットメント・デバイス等を利用して、人々をよりよい行動に促すことを「ナッジ」という。ナッジには、コミットメント・デバイスの利用の他にも、人々の行動の特性を利用したさまざまな取り組みが含まれる。たとえば仮設住宅のコミュニティセンターにランニングマシンを置くことは、先送りされやすい健康行動を促すナッジと捉えられる。また、復興公営住宅について、住民同士の交流が自然に生まれやすいつくりで設計されることも実践されてきた。第2章で紹介したように、人との交流はこころの健康を保つのに重要な役割を果たしているため、こうした設計は現在バイアスによる人との交流の先送りを防ぎ、こころの健康を良好に保つためのナッジと

----

[55] Sawada and Aida（2019）, Haushofer and Fehr（2014）.
[56] ここでは概要のみを示したが、分析方法と結果の詳細は章末の補論（164 頁）を参照。

捉えることができる。仮設住宅等で行われる住民の交流会も同様に捉えることができる。実際に、東日本大震災の被災地で行われた「はまらっせん農園」[57] というプロジェクトでは、仮説住宅に隣接する農地が住民に開放された。その結果、このプロジェクトは、住民の社会参加や住民間の交流を促し、参加者の身体的・精神的な健康状態の改善につながった可能性があることが報告されている[58]。他にも、飲酒日記をつけて飲酒量の目標を医師等に宣言する方法は、自分への評価に対するペナルティを課したコミットメント・デバイスの活用と考えることができる[59]。筆者らの分析結果は、こころの健康の悪化を防ぐために被災地においてこうしたコミットメント・デバイスやナッジの活用を拡大することの有効性を示唆している。

57）「はまらっせん農園」(http://hito.natsu-mi.jp/extra/hamaras_farm.html　2021 年 1 月 26 日アクセス)。

58）Takahashi et al.（2015）.

59）石川（2013）。

補論
実証分析の詳細

1 災害被害の外生性の確認

災害被害の大きさがランダムであることを確認するため、震災前の現在バイアスを災害被害を示すダミー変数で回帰した結果が表4.3である。この結果、災害被害の変数はどれも統計的に有意ではなく、災害被害と震災前の現在バイアスの程度の間に関係はみられなかった。これは、災害被害の大きさが震災前の現在バイアスの程度に対してランダムであるという仮定を支持するものである。

2 災害被害と現在バイアスの関係の分析モデルと結果

まず、災害被害の現在バイアスへの影響を検証するために、以下の一般的な「差の差」モデルの推定を行った。

$$Y_{it} = \alpha_0 + a_\delta d_i + b Y_{it-1} + X'_{it}\gamma + \varepsilon_{it} \tag{4.1}$$

ここでは、Y_{it} は震災後の現在バイアスの程度、d_i は災害被害の大きさ、Y_{it-1} は震災前の現在バイアス、X_{it} はコントロール変数を示している。災害被害がランダムに起こっている場合、災害被害の現在バイアスへの影響は a_δ で捉えることができる。

さらに、Y_{it-1} の程度によって異なる災害被害の大きさの影響を把握するため、$d_i \times Y_{it-1}$ を含めたモデルが (4.2) 式である。このモデルで a_δ^Y は、もともとの現在バイアスの程度によって異なる災害被害の大きさの程度を示しており、この係数が正であることは、災害被害がもともとの現在バイアスを増大させることを示す。

表 4.3 災害被害の外生性の確認（被説明変数：震災前の現在バイアス）

災害被害（被害なしダミー）	基準
災害被害（一部損壊ダミー）	0.083
	(0.143)
災害被害（半壊ダミー）	-0.068
	(0.183)
災害被害（全壊ダミー）	-0.242
	(0.258)
切片	3.142***
	(0.108)
N	437
自由度調整済決定係数	-0.002

（注）表中の数値は回帰係数、（ ）内は頑健
な標準誤差。*$p<0.10$, **$p<0.05$, ***$p<0.01$.

$$Y_{it}=\alpha_0+a_\delta d_i+bY_{it-1}+a_\delta^Y d_i\times Y_{it-1}+X_{it}'\gamma+\varepsilon_{it} \qquad (4.2)$$

(4.1) 式の推定結果は表 4.4 の (1) 列と (2) 列、(4.2) 式の推定結果は表
4.4 の (3) 列と (4) 列である。(2) 列と (4) 列のモデルはそれぞれ (1) 列と (3)
列のモデルに比べて、年賀状を出した枚数がコントロール変数に入っていると
いう違いがある。この推定結果をみると、(1) 列と (2) 列では d の係数は有意
ではない。一方、(3) 列と (4) 列では $d\times Y_{t-1}$ の係数が正で有意であることが
わかる。これは、震災前の現在バイアスの程度が災害被害によって、増大した
ことを示している。

3 災害、現在バイアスとこころの健康の関係の分析結果

災害被害が現在バイアスを増大させているというつながりが災害とこころの
健康悪化のつながりの背景にあるかどうかを検証するために行った推定の結果
が表 4.5 である。まず、被説明変数は K6 で、値が大きいほどこころのストレ
スが大きいという指標である。(1) 列の推定は最小 2 乗法（OLS）で災害被害
に回帰したモデルであり、災害被害が大きいほど K6 が高い（ストレスが大き
い）傾向があることが確認できる。

表 4.4　(4.1)、(4.2) 式の推定結果

	(1)	(2)	(3)	(4)
d（災害被害）	0.403	0.366	-1.324	-1.450
	(0.631)	(0.608)	(1.278)	(1.452)
Y_{t-1}（夏休みの宿題）	0.450	0.311	-0.654	-0.876
	(0.340)	(0.333)	(0.658)	(0.746)
$d \times Y_{t-1}$			0.572**	0.614**
			(0.269)	(0.301)
送った年賀状の枚数		-0.020*		-0.021+
		(0.0104)		(0.013)
年齢	-0.108**	-0.106**	-0.112**	-0.110**
	(0.052)	(0.052)	(0.0470)	(0.047)
性別（男性ダミー）：基準				
性別（女性ダミー）	-2.011+	-2.185*	-2.062	-2.206+
	(1.387)	(1.279)	(1.448)	(1.422)
性別（無回答）	0	0	0	0
	(0)	(0)	(0)	(0)
逆ミルズ比	2.835**	3.095**	2.704*	2.923*
	(1.366)	(1.313)	(1.463)	(1.539)
N	6047	6047	6047	6047
N（2段階目推定）	259	259	259	259
自由度調整済決定係数	0.083	0.087	0.084	0.089

（注）被説明変数は Y_t（年賀状の発送日）。表中の数値は回帰係数、（　）内はブートストラップ法に基づいたクラスターロバスト標準誤差（双葉町での居住地域によるクラスター）。住居の種類および切片、Y_{t-1} の無回答ダミー（すべての列）、送った年賀状の枚数の無回答ダミー（2、4列）、Y_{t-1} × 送った年賀状の枚数の無回答ダミーの係数の掲載が省略されている。また、Y_{t-1} と送った年賀状の枚数の変数は無回答をゼロに置き換えている。さらに、2010 年の国勢調査のデータ（性別と年齢階級）で観察できる回答者と非回答者の情報を用いてヘックマンの2段階推定を行っている。$^+p<0.15, {}^*p<0.10, {}^{**}p<0.05, {}^{***}p<0.01$。

　さらに、(2) 列と (3) 列は震災後の現在バイアスの程度を内生変数として、災害被害の大きさを操作変数（IV）として用いた、2段階最小2乗推定の結果である。この結果、内生変数である Y_t は K6 に正に有意な影響を与えていることが確認された。つまり、災害被害によって増大させられた現在バイアスが、こころの健康を悪化させているというつながりが確認された。

表 4.5　災害、現在バイアスとこころの健康の関係

推定方法	(1) OLS	(2) IV	(3) IV
d（災害被害）	0.898+		
	(0.617)		
Y_t（年賀状発送日）		0.342*	0.296*
		(0.206)	(0.173)
年齢	0.071***	0.117**	0.0980*
	(0.027)	(0.050)	(0.056)
性別（男性ダミー）：基準			
性別（女性ダミー）	0.501	-0.344	-0.633
	(1.256)	(1.166)	(1.188)
性別（無回答）	0	0	0
	(0)	(0)	(0)
逆ミルズ比	0.432	0.681	1.432
	(0.925)	(1.535)	(1.613)
N	6047	6047	6047
N（2段階目推定）	397	240	240
自由度調整済決定係数	0.051	-0.041	0.034
過剰識別制約テスト（p値）		4.786	5.281
		(0.572)	(0.508)
弱相関操作変数テスト		11.632	12.745
（最大バイアス）		(<10%)	(<10%)

（注）被説明変数は K6。表中の数値は回帰係数、（　）内はブートスト
ラップ法に基づいたクラスターロバスト標準誤差（双葉町での居住地
域によるクラスター）。(3) 列には震災前後の等価所得がコントロー
ル変数に含まれる。その他に掲載省略されている変数は、住居の種類
および切片。(2) 列と (3) 列は、2 段階最小 2 乗法による推定結果。
Y_t を内生変数として、その操作変数には、Y_{t-1}、d（災害被害）、
$Y_{t-1} \times d$、Y_{t-1} の無回答ダミー、送った年賀状の枚数、送った年賀状
の枚数の無回答ダミーが含まれる。$Y_{t-1} \times$ 送った年賀状の数の無回
答ダミーの係数の掲載が省略されている。Y_{t-1} と送った年賀状の数
の変数は無回答はゼロに置き換えられている。さらに、2010 年の国
勢調査のデータ（性別と年齢階級）で観察できる回答者と非回答者の
情報を用いてヘックマンの 2 段階推定を行っている。+$p<0.15$, *
$p<0.10$, **$p<0.05$, ***$p<0.01$.

参考文献

池田新介（2012）『自滅する選択——先延ばしで後悔しないための新しい経済学』東洋経済新報社。

石川達（2013）「続・東日本大震災における飲酒問題の現状と課題」『NEWS & REPORTS』19：2-7。

Abatayo, A. L. and Lynham, J. (2020) "Risk Preferences after a Typhoon: An Artefactual Field Experiment with Fishers in the Philippines," *Journal of Economic Psychology*, 79: 102195.

Akesaka, M. (2019) "Change in Time Preferences: Evidence from the Great East Japan Earthquake," *Journal of Economic Behavior and Organization*, 166(C): 239-245.

Andreoni, J. and Sprenger, C. (2012) "Estimating Time Preferences from Convex Budgets," *American Economic Review*, 102(7): 3333-3356.

Andreoni, J., Kuhnb, M. A. and Sprenger, C. (2015) "Measuring Time Preferences: A Comparison of Experimental Methods," *Journal of Economic Behavior and Organization*, 116: 451-464.

Ariely, D. and Wertenbroch, K. (2002) "Procrastination, Deadlines, and Performance: Self-Control by Precommitment," *Psychological Science*, 13(3): 219-224.

Bchir, M. A. and Willinger, M. (2013) "Does the Exposure to Natural Hazards Affect Risk and Time Preferences? Some Insights from a Field Experiment in Perú," Working Papers, No. 2013-04, LAMETA, University of Montpellier.

Booth, A., Cardona-Sosa, L. and Nolen, P. (2014) "Gender Differences in Risk Aversion: Do Single-sex Environments Affect Their Development?" *Journal of Economic Behavior and Organization*, 99: 126-154.

Brunnermeier, M. K. and Nagel, S. (2008) "Do Wealth Fluctuations Generate Time-Varying Risk Aversion? Micro-evidence on Individuals," *American Economic Review*, 98(3): 713-736.

Callen, M. (2015) "Catastrophes and Time Preference: Evidence from the Indian Ocean Earthquake," *Journal of Economic Behavior and Organization*, 118 (C): 199-214.

Cameron, L. and Shah, M. (2015) "Risk-Taking Behavior in the Wake of Natural Disasters," *Journal of Human Resources*, 50(2): 484-515.

Cassar, A., Healy, A. and von Kessler, C. (2017) "Trust, Risk, and Time Preferences After a Natural Disaster: Experimental Evidence from Thailand," *World Development*, 94 (C): 90-105.

Chantarat, S., Chheng, K., Minea, K., Oum, S., Samphantharak, K. and Sann, V. (2015) "The Effects of Natural Disasters on Households' Preferences and Behaviours: Evidence from Cambodian Rice Farmers After the 2011 Mega Flood," in Sawada, Y. and Oum, S. (eds.), *Disaster Risks, Social Preferences, and Policy Effects: Field Experiments in Selected ASEAN and East Asian Countries'*, ERIA Research Project Report FY2013, 34: 85-130, ERIA.

Chiappori, P. and Paiella, M. (2011) "Relative Risk Aversion is Constant: Evidence from Panel Data," *Journal of the European Economic Association*, 9(6): 1021-1052.

Chuang, Y. and Schechter, L. (2015) "Stability of Experimental and Survey Measures of Risk, Time, and Social Preferences: A Review and Some New Results," *Journal of Development Economics*, 117 (C): 151-170.

Dasgupta, U., Gangadharan, L., Maitra, P. and Mani, S. (2017) "Searching for Preference Stability in a State Dependent World," *Journal of Economic Psychology*, 62: 17-32.

Dean, M. and Sautmann, A. (2014) "Credit Constraints and the Measurement of Time Preferences," Working Papers, No. 2014-1, Brown University, Department of Economics.

Eckel, C. C., El-Gamal, M. A. and Wilson, R. K. (2009) "Risk Loving after the Storm: A Bayesian-Network Study of Hurricane Katrina Evacuees," *Journal of Economic Behavior and Organization*, 69(2): 110-124.

Fehr, E. and Hoff, K. (2011) "Tastes, Castes, and Culture: The Influence of Society on Preferences," IZA Discussion Papers, No.5919.

Galor, O. and Özak, Ö. (2016) "The Agricultural Origins of Time Preference," *American Economic Review*, 106(10): 3064-3103.

Goda, G. S., Levy, M., Manchester, C.F., Sojourner, A. and Tasoff, J. (2019) "Predicting Retirement Savings Using Survey Measures of Exponential-growth Bias And Present Bias," *Economic Inquiry*, 57 (3):

1636-1658.

Hanaoka, C., Shigeoka, H. and Watanabe, Y. (2018) "Do Risk Preferences Change? Evidence from the Great East Japan Earthquake," *American Economic Journal: Applied Economics*, 10(2): 298-330.

Haushofer, J. and Fehr, E. (2014) "On the Psychology of Poverty," *Science*, 344(6186): 862-867.

Ikeda, S., Kang, M.-I. and Ohtake, F. (2010) "Hyperbolic Discounting, the Sign Effect, and the Body Mass Index," *Journal of Health Economics*, 29(2): 268-284.

Ingwersen, N. S. (2015) "A Study of the Impact of a Natural Disaster on Economic Behavior and Human Capital Across the Life Course," PhD Dissertation, Duke University, Retrieved from https://hdl.handle.net/10161/9909.

Johnson, E. J. and Goldstein, D. (2003) "Do Defaults Save Lives?"*Science*, 302(5649): 1338-1339.

Kang, M.-I. and Ikeda, S. (2014) "Time Discounting and Smoking Behavior: Evidence from a Panel Survey," *Health Economics*, 23(12): 1443-1464.

Kang, M.-I. and Ikeda, S. (2016) "Time Discounting, Present biases, and Health-Related Behaviors: Evidence from Japan," *Economics and Human Biology*, 21: 122-136.

Kim, Y.-I. and Lee, J. (2014) "The Long-run Impact of a Traumatic Experience on Risk Aversion," *Journal of Economic Behavior and Organization*, 108 (C): 174-186.

Kuroishi, Y. and Sawada, Y. (2019) "On the Stability of Preferences: Experimental Evidence from Two Disasters," CIRJE Discussion Paper F-1130.

Laibson, D. (1994) "Hyperbolic Discounting and Consumption." PhD Dissertation, Massachusetts Institute of Technology (http://hdl.handle.net/1721.1/11966).

Lührmann, M., Serra-Garcia, M. and Winter, J. (2018) "The Impact of Financial Education on Adolescents' Intertemporal Choices," *American Economic Journal: Economic Policy*, 10(3): 309-332.

Meier, S. and Sprenger, C. D. (2010) "Present-Biased Preferences and Credit Card Borrowing," *American Economic Journal: Applied Economics*, 2(1): 193-210.

Meier, S. and Sprenger, C. D. (2015) "Temporal Stability of Time Preferences," *Review of Economics and Statistics*, 97(2): 273-286.

Moxey, A., O'Connell, D., McGettigan, P. and Henry, D. (2003) "Describing Treatment Effects to Patients," *Journal of General Internal Medicine*, 18: 948-959.

Necker, S. and Ziegelmeyer, M. (2016) "Household Risk Taking after the Financial Crisis," *Quarterly Review of Economics and Finance*, 59: 141-160.

O'Donoghue, T. and Rabin, M. (2003) "Addiction and Present-Biased Preferences," Game Theory and Information 0303005, University Library of Munich, Germany.

O'Donoghue, T. and Rabin, M. (2015) "Present Bias: Lessons Learned and to Be Learned," *American Economic Review*, 105(5): 273-279.

Pinger, P. R. (2017) "Thinking about Tomorrow? Predicting Experimental Choice Behavior and Life Outcomes from a Survey Measure of Present Bias," *SOEPpapers on Multidisciplinary Panel Data Research*, 935, DIW Berlin, The German Socio-Economic Panel (SOEP).

Reynaud, A. and Aubert, C. (2020) "Does Flood Experience Modify Risk Preferences? Evidence from an Artefactual Field Experiment in Vietnam," *Geneva Risk and Insurance Review*, 45(1): 36-74.

Sahm, C. (2012) "How Much Does Risk Tolerance Change?" *Quarterly Journal of Finance*, 2(4): 1-38.

Sakha, S. (2019) "Determinants of Risk Aversion Over Time: Experimental Evidence from Rural Thailand," *Journal of Behavioral and Experimental Economics*, 80: 184-198.

Sawada, Y. and Aida, T. (2019) "The Field Experiment Revolution in Development Economics," in Kawagoe T. and Takizawa H. eds., *Diversity of Experimental Methods in Economics*, Springer: 39-60.

Sawada, Y. and Kuroishi, Y. (2015a) "How to Strengthen Social Capital in Disaster Affected Communities? The Case of the Great East Japan Earthquake," in Sawada, Y. and Oum, S. eds., *Disaster Risks, Social Preferences, and Policy Effects: Field Experiments in Selected ASEAN and East Asian Countries*, ERIA Research Project Report FY2013-34: 163-199.

Sawada, Y. and Kuroishi, Y. (2015b) "How Does a Natural Disaster Affect People'sPreference? The Case of a Large Scale Flood in the Philippines Using the Convex TimeBudget Experiments," in Sawada, Y. and Oum, S. (eds.), *Disaster Risks, Social Preferences, and Policy Effects: Field Experiments in Selected ASEAN and East Asian Countries'*, ERIA Research Project Report FY2013, 34: 27-56, ERIA.

Sawada, Y., Iwasaki, K. and Ashida, T. (2018) "Disasters Aggravate Present Bias Causing Depression: Evidence from the Great East Japan Earthquake," CREPE Discussion Paper No. 47.

Story, G. W., Vlaev, I., Seymour, B., Darzi, A. and Dolan, R. J. (2014) "Does Temporal Discounting Explain Unhealthy Behavior? A Systematic Review and Reinforcement Learning Perspective," *Frontiers in Behavioral Neuroscience*, 8: 76.

Takahashi, S., Ishiki, M., Kondo, N., Ishiki, A., Toriyama, T., Takahashi, S., Moriyama, H., Ueno, M., Shimanuki, M., Kanno, T., Oki, T. and Tabata, K. (2015) "Health Effects of a Farming Program to Foster Community Social Capital of a Temporary Housing Complex of the 2011 Great East Japan Earthquake," *Disaster Medicine and Public Health Preparedness*, 9(2): 103-110.

Van den Berg, M., Ricardo, F. and Burger, K. (2009) "Natural Hazards and Risk Aversion: Experimental Evidence from Latin America," International Association of Agricultural Economists Conference Paper, No.51394, August 16-22, 2009, Beijing, China.

Voors, M. J., Nillesen, E. M., Verwimp, P., Bulte, E. H., Lensink, R. and Van Soest, D. P. (2012) "Violent Conflict and Behavior: A Field Experiment in Burundi," *American Economic Review*, 102(2): 941-964.

White, J. S. and Dow, W. H. (2016) "Intertemporal Choices for Health," in Roberto, C. A. and Kawachi, I. eds., *Behavioral Economics and Public Health*, Chapter 2: 27-62, Oxford: Oxford University Press.

「こころの減災」に向けて

はじめに

　本書では、福島県双葉町の方々が経験された災害によるさまざまな影響と、こころの健康の関係を分析した筆者らの実証研究の結果を紹介してきた。これらの結果には、原子力発電所事故という災害下でこころの健康を保つ、つまり「こころの減災」のためのさまざまなヒントがある。このエピローグでは、本書で紹介してきた双葉町調査の実証分析から明らかになった事実を改めて整理したうえで、これらの分析から導かれる、こころの減災に向けた政策的なヒントを紹介する。そして最後に、原発事故という災害下でのこころの健康の決定要因に関する研究の今後の課題について考えたい。

1 これまでの双葉町調査の分析でわかったこと

　まず、第1章で紹介したように、震災後から継続して行ってきたアンケート調査の記述統計から、双葉町民の生活は震災によって大きく変化したことが示された。そしてその多くの側面が、震災から8年が経った時点（2019年の調査時点）でも、震災前の状況には戻っていない。震災によって変化した側面には、避難による住居の場所だけではなく、収入の減少や失職といった社会経済的な状況、周りに住む人々との関わりや人々への信頼感、そして、こころの健康状態があった。さらに、原発事故がこころの健康状態に及ぼす影響は、多くの場合は被災後に同じ場所で生活再建が可能な津波や地震等の自然災害に比べて、より長期的で甚大である可能性があることが明らかとなった。特に仮設住宅に長期間住んでいた人々のこころの健康状態の悪化は深刻であり、復興公営住宅に住んでいる人々にも同様の傾向がみられた。

　では、こうした原発事故がもたらした深刻な影響のなかで、どのような人がこころの健康状態を良好に保つことができたのか。それを検証するために、第2章では、ソーシャル・キャピタルの役割を軸に分析を行った。その結果、震災後の避難先でも双葉町出身の隣人を多く持つ人々や、お茶会や趣味の会に参加している人々（つまり、ソーシャル・キャピタルを高く保てている人々）は、周囲の人々への信頼感の高まりを通して、こころの健康を良い状態に保てている

傾向があることが示された。

　次に、第3章では、同居家族の人数、住居面積の広さ、健康状態（主観的健康感）、年収の4つの側面の災害による変化に注目して、それらの効用（こころの健康、幸福度/主観的健康感）への影響を検証した。その結果、4つの側面のうち、健康状態の変化と年収の変化の2つの側面について、「損失回避」の傾向が表れている可能性があることがわかった。具体的には、健康状態が悪化した場合に悪化する幸福度やこころの健康状態の程度は、健康状態が同じ程度改善した場合に改善する幸福度やこころの健康状態の程度に比べて、大きい傾向があることがわかった。また、年収が減少した場合に悪化する主観的健康感の程度は、年収が同じ程度増加した場合に改善する主観的健康感の程度に比べて大きい傾向があることがわかった。

　そして第4章では、近年人々の健康行動の決定要因として注目され、災害とこころの健康の関係を分析するうえでも重要だと考えられる「現在バイアス」の役割を検証した。検証の結果、災害被害が大きいと被災者の現在バイアスの程度は増大し、その増大がこころの健康の悪化につながっている可能性があることが示された。

2 「こころの減災」に向けてできること

　では、これら本書で述べてきた実証分析の結果から、「こころの減災」に向けてできることとして、どのようなことが示唆されるだろうか。本節では、本書で紹介してきた実証研究から示されるこころの減災への政策的な示唆として、①仮設住宅の長期滞在者や復興公営住宅滞在者へのケアの充実、②被災前のつながりを保つことができる避難や、避難先で人と人とのつながりをつくるための取り組み、③十分な賠償と災害による喪失への対策に関する早い段階でのコミットメントの必要性、そして、④現在バイアスの増大による健康への負の影響を防ぐナッジを紹介する。

　第1に、仮設住宅長期滞在者や、復興公営住宅滞在者は、その他の居住形態の方に比べてこころの健康状態が良くない傾向がみられた。これは、実際に福島の現地でこころの健康対策に取り組まれている医療関係者の方々の声からう

かがった内容と整合的である。仮設住宅での長期滞在によってこころの健康が悪化していった可能性もあるし、こころの健康が良くないために、より恒久的な住居への転居が進んでいない可能性もある。復興公営住宅も同様である。いずれにしても筆者らの分析は、仮設住宅長期滞在者や復興公営住宅滞在者へのこころの健康ケアが重要であることを示している。

　第2に、被災前のつながりを保つことができる避難や、避難先での人と人とのつながりをつくるための重要性は、第2章で紹介したソーシャル・キャピタルとこころの関係のつながりから示唆されるものである。この結果は、実際に東日本大震災後の仮設住宅や復興公営住宅の入居の際に取り入れられた、被災前のつながりを保つように配慮した入居者の配置や、災害つながりカフェ、おしゃべりサロンといった被災者が他者とつながる機会を提供する活動を支持している。筆者らは、こうした、ソーシャル・キャピタルを高める活動への支援や、仮設住宅・復興公営住宅の入居への配慮はより拡大していくべきであると考えている。

　第3に、十分な賠償と災害による喪失への対策に関する早い段階でのコミットメントの必要性は、第3章で紹介した収入とこころの健康の間の「損失回避」の関係から得られた示唆である。大きな損失を経験した人がもともとのこころの健康を取り戻すためには、その損失をカバーする必要がある。そのためには、漸次的に賠償額を調整して増加していくというような方法ではなく、当初から十分な賠償が必要である。また、被災後の生活のなかで参照点が被災前の状態より下がってしまった状況では、被災者が被災前のこころの健康を取り戻すために、失った以上の賠償が必要になるために、早い段階でのコミットメントが重要である。あってはならないことであるが、もし福島の原発事故のような想定外の災害が発生した場合に、補償をより効果的にするためには、なるべく早い段階で生活や失ったものの補償に対してコミットメントする発信がなされるべきだということである。

　第4に、災害による現在バイアスの増大がこころの健康に及ぼす負の影響を防ぐためのナッジが挙げられる。仮設住宅のコミュニティセンターにランニングマシンを置くなどといった健康行動を促すナッジや、住民同士の交流が自然に生まれやすい形に復興公営住宅を設計するといったことが被災地でこれまで実践されてきた。こうしたナッジは、近年、被災地に限らずさまざまなところ

で取り入れられているが、第4章で紹介した筆者らの分析で示されるように、被災によって現在バイアスが増大する傾向があることから、特に被災地での重要性が高い。そのため、被災地でのこうした取り組みは、より拡大していくべきであると考えられる。

3 原発事故という災害下での今後の課題

3.1 双葉町の調査・分析に関する今後の課題

　前節までは、これまでの調査と実証分析から明らかになったことや、インタビューを通じてわかってきたこと、そしてそこから得られた政策的なヒントを整理してきた。しかし双葉町の調査では、今後検証されるべき課題がまだまだ積み重なっている。たとえば、ソーシャル・キャピタルの役割については、ソーシャル・キャピタルの負の側面に注目した分析や、災害後に時間を通して変化する役割に注目する必要がある。筆者らのこれまでの分析では、信頼感を介さない場合には、双葉町出身の隣人を持つことがこころの健康に与える直接的な影響は確認されなかった。これは、双葉町出身の隣人を多く持つことが、こころの健康に信頼感を介してポジティブな影響を与えている反面、反対にネガティブな影響を与える別の要因とも相関している可能性があることを示唆している。そのため、今後これらの要因への理解を深めることで、より効果的な政策提言につなげていくことができる可能性がある。

　また、これまでのソーシャル・キャピタルの分析では、震災による自然実験の状況を活用してソーシャル・キャピタルの役割を検証したため、震災直後（2013年）の調査結果のみを用いている。しかし、ソーシャル・キャピタルの役割は震災後に時間が経過するにつれて、変化している可能性がある。そこでさらなる分析として、これまでの追跡調査のすべてを含んだ世帯単位のパネルデータを用いて、災害後のソーシャル・キャピタルの役割の変化を確認していくことが重要である。こうした実証分析によって、長期避難下での災害フェーズや被災者の状況にあわせた柔軟な政策提言につなげていくことができる可能性が考えられる。

　さらに、町役場の方々からは、人々のつながりをつくるためにさまざまな取

り組みを企画しても、他者との交流がきわめて少なくなってしまった人々に参加してもらうことが非常に難しいということをうかがっている。特に男性の高齢者にこうした傾向がみられるそうだ。そこで、こうした傾向がデータからも確認できるかを検証し、人々のつながりをつくるための一歩を踏み出してもらうための効果的な方法を提案していく必要があるだろう。

2020 年 12 月現在、双葉町は 2022 年春頃に住民の帰還開始を目指している。第 1 章で紹介したように、現時点で帰還意思がある人の割合は約 1 割と多くはないが（図 1.16〔29 頁〕参照）、双葉町に戻るかまだ判断がつかないか戻らないと決めている人の間でも、双葉町に年に 1 回以上訪れたいと考えている方は約 8 割に上る[1]。今後双葉町に居住する人も双葉町には居住しない人も、双葉町に出入りが可能になることで、ふるさとの地や人々とのつながりを持つことが、こころの健康の改善につながる可能性が考えられる。

一方で、双葉町への帰還が叶ったとしても、ほとんどの人は、震災前と同じ場所に住めるわけではない。実際に帰還する人も少ないことが予想されることから、住民は新たな人間関係を構築していく必要に迫られる可能性が高く、そのことが住民にストレスを与える可能性は否めない。また、双葉町に戻る人と戻らない人の間での、価値観の尊重が課題になる可能性もある。さらに「チェルノブイリ」が、原発事故から 34 年が経った今でも原発事故の町として世界に知られているように、双葉町の復興において、今後もその風評被害が引き続き課題になる可能性は高い。こうした今後も続くであろう復興への課題を捉え、その解決のヒントを得るためのツールの 1 つとして、筆者らが行ってきた調査をさらに長期的に継続して実施していくことが必要である、と筆者は考えている。

3.2 多様な知見の統合

最後に、現場でこころの健康対策に取り組まれている医療関係者や NGO の方々、自治体、さまざまな分野の研究者が効果的につながりを持って取り組む必要性を、原子力災害下でのこころの健康に関する課題として挙げたい。あるシンポジウムで、筆者が仮設住宅や復興公営住宅にお住まいの方のこころの健

---

1) 双葉町「平成 29 年度『双葉町住民意向調査』調査結果速報版（平成 30 年 2 月）」。

康状態が深刻である可能性を示すデータを示したところ、講演を聞いてくださっていた福島で活動されている医師は、「実際に仮設住宅や復興公営住宅でのこころの健康の課題が多いことは感じていたが、こうしたデータで確認できるのは大変興味深かった」とおっしゃった[2]。地方自治体だけでなく、こうした現場で日々活動されている方々と協力して研究を行っていくことが、より効果的な対策につながるだろう、ということが期待される経験であった。

　また、筆者らの実証分析の結果は、人々のつながりを構築する活動やこころの健康悪化を防ぐナッジの重要性を示唆するものであったが、今後は、「具体的にどのような活動が効果的なのか」を検証する研究の蓄積が重要だと考えられる。そのためには、実際にそうした活動を行う自治体や NGO と研究者のつながりのなかで、個々の活動の政策評価を積み重ねていくことが重要であると考えられる。こうした積み重ねを通して、より効果的な活動にしていくことが期待される。

　さらに、研究においても、原子力災害下でのこころの健康に関するさまざまな分野の知見を集める取り組みが必要であろう。本書で紹介した筆者らの研究は、ミクロ実証経済学の枠組みをベースとしつつ、ソーシャルキャピタル研究という学際分野、行動経済学の枠組みや、公衆衛生学の手法に基づいた、複数の分野を複合したユニークな学際研究の手法によって、復興政策につながる新しいエビデンスを生み出してきた。こうした学際的な取り組みがさらに拡大していくことが重要だと考えられる。災害下でのこころの健康に関する課題は、医学の分野を中心に取り組まれてきているが、筆者らが行ってきたような経済学のアプローチや、文化人類学、社会学等のアプローチでの取り組みも行われてきている。さらに、原子力災害は、長期的な避難や移住を伴うため、難民問題や人権といった国際政治学や法学のアプローチによる知見も有効になる可能性がある。原子力災害下のこころの健康は、前例が少ないうえに、課題が多面的に生じることから、今後、こうした多様な分野の研究の知見が統合されていくことで、より効果的な政策の実施につながっていくことが期待される。

---

　2) 2019 年度、地区防災計画学会ソーシャル・キャピタル研究会主催シンポジウム「地区防災計画づくりとコミュニティのソーシャル・キャピタル」(2019 年 7 月 27 日、日本大学法学部 10 号館で開催)。

⋅•◉ あとがき ◉•⋅

　東日本大震災から10年が経とうとしている。それは一般的に、当事者でなければ、風化してしまうほど長い年月かもしれない。しかし、震災から10年経とうとする今も、原子力発電所事故の被害を受けた福島県双葉町の方々のなかには、まだまだその影響が残り続けていることは、筆者らが行ってきた調査の結果からも明らかである。原発事故がこころの健康に及ぼすさまざまな影響については、本書で紹介したように、少しずつわかってきたこともあれば、まだわからないこともたくさん残されている。特に、人々の間に長く影響が残り続けるなかで、今後もさらなる長期的で多面的な支援や政策的な対応、および研究蓄積が求められている。

　そうしたなかで、継続的なアンケート調査によって時間を通じた被災者の状況の変化を捉えることは、建物やインフラなどのハード面だけでなく、人々のこころの健康などのソフト面を含んだ、本当の意味での原発事故からの復興状況の全容を捉えるために、重要な役割を果たすと考えられる。さらに、今後の災害復興政策への示唆を得るためには、原発事故下のこころの健康の決定要因について調査を継続し、厳密な実証分析を通したエビデンスを積み重ねていくことが不可欠である。そうして蓄積されたエビデンスに基づく政策的示唆の提供が、経済学の分野の研究者としてこの課題に貢献できる重要な点であると考えている。

　放射線への見えない恐怖や、被害の長期化という特徴から、原発事故がこころの健康に及ぼす影響は、災害のなかでも特に多面的であると考えられる。しかし、原発事故自体は、世界的に見てもレアケースの災害で、これまでの研究蓄積は多くない。そうした課題があるなかで、筆者らが継続的に行っているアンケート調査は、双葉町の皆さまの多大なご協力のうえで、貴重なエビデンスの積み重ねになってきたと考えられる。原発事故下での双葉町の復興政策のみでなく、将来起こりうる災害における、こころの減災のための対策を考える際のエビデンスになると考えられるからだ。

　こうしたエビデンスの蓄積が可能になったのは、被災後の困難な状況のなか

にもかかわらず、調査に協力し続けてくださった双葉町の皆さまや町役場の皆さまのおかげである。調査のたびに、多くの双葉町の皆さまが、質問項目への回答に加えて自由記入欄への記入や電話を通じて、現在の生活状況や思いを筆者らに届けてくださった。「老後の生活で農業ができずに、暇でしょうがない」「誰とも付き合いがなくてさみしい」「東電が憎い」「近所の人の目が怖い」など、さまざまな声をいただいた。こうしていただいた声は、研究を進めるにあたり、新たな示唆を与えてくれた。

　なかには、「こんな調査に協力したって私たちの生活はまったくよくならないではないか」「こんな調査で町の状況がわかると思っているのか」「私たちは実験材料ではないぞ」という筆者らが行っているアンケート調査への怒りの声もあった。こうした町の皆さまの厳しいご意見は、筆者が調査内容の改善や分析の向上に努める活力となってきた。また、「長い間関わり続けてくれて感謝している」「調査結果をいつも参考にしている」といった調査への感謝の声もいただいてきた。そうした調査への声は、調査・研究費獲得の苦戦など、研究継続の壁にぶつかったときの筆者の心の支えとなってきた。

　筆者は、医療関係者のように1人ひとりのこころの傷を癒すことができるわけでもなく、自治体の方々のように政策で人々の生活を豊かにできるわけでもなく、企業の経営者のようにビジネスで町に活気をもたらすことができるわけでもない。研究者として、双葉町の方々の1人ひとりの生活に直接的に貢献する方法が限られていることに、悩むことも何度もあった。しかし、双葉町の皆さまにいただいてきた、時に厳しく、時に温かいコメント、そして、胸が苦しくなるようなご経験談は、原発事故という特殊な状況のなかで、研究者としてできることをみつめ直し、研究を続ける後押しをしてきてくれた。

　双葉町の皆さまへの感謝と敬意をもって、震災後はじめて福島を訪問した日からの約8年半の期間を思い返すとともに、今後も続く双葉町の復興への歩みと、将来起こりうるさまざまな災害下でのこころの減災に貢献していきたいという思いを強くしている。

＊　＊　＊

　まず、長きにわたり調査に協力してきてくださった双葉町の皆さまには、感謝の念にたえない。また、この研究は双葉町役場の皆さまの協力がなければな

しえなかった。調査の内容と目的にご理解をいただき、調査票や調査結果の町民の皆さまへの配布などにご協力をいただいてきた。さらに、調査分析の結果を、毎回町長を含めた町役場の皆さまに報告する機会もいただいてきた。調査結果の報告でお話させていただくたびに新しい発見があり、研究を深めるための導きとなってきた。町長の伊澤史朗氏、および調査の立ち上げから今まで多大なご協力をいただいた秘書広報課の板倉幸美氏をはじめ、町役場の皆さまのご協力に感謝申し上げる。

　そして、このプロジェクトの開始段階から現在に至るまで共同研究者として、ともに双葉町の調査・研究を進めてきた澤田康幸氏に特別の感謝の意をお伝えする。大学院在学中は、指導教授としてお世話になり、研究手法などのご指導をいただいてきただけでなく、筆者の目指したい研究者像をご自身の研究姿勢で示してくださった。また、研究手法について細かく指導いただき、研究を進めるにあたっての気づきを与えてきてくれた澤田研究室の大学院ゼミ出身者の皆さまへも感謝を申し上げる。

　また、本書で紹介した研究結果は査読付き学術誌で公刊した論文、もしくはディスカッションペーパーとしてまとめられた論文をもとにしている。それらの共著者の皆さまにも感謝を申し上げる。Daniel P. Aldrich 氏にはソーシャル・キャピタルと災害復興の分野における世界的な第一人者として、研究を進めるにあたり多くの知見をいただいた。また、Myoung-Jae Lee 氏には、損失回避を検証するための分析手法を深めていただいた。また、芦田登代氏には、別の被災地でのデータ分析結果と比較して知見を深める機会をいただいた。

　加えて、筆者が大学院在籍時に指導をいただいた多くの先生方にも感謝の意をお伝えする。特に、先述の澤田康幸氏に加えて、博士論文の審査員として、中西徹氏、倉田博史氏、稲葉陽二氏、Lamichhane Kamal 氏に、大変お世話になった。また、震災の課題について学ぶための機会や知見を与えてくださった丸山真人氏、福島まなび旅やつくば市のインタビュー調査の実習の担当教員であった関谷雄一氏をはじめ、双葉町調査を開始するきっかけとなるさまざまな機会を与えてくださった東京大学人間の安全保障プログラムの先生方にも、謝意をお伝えする。加えて、研究のさまざまな過程で学会・カンファレンスやセミナーなどを通じて多くの先生方や同僚の方々から的確で有益なコメントをいただいた。すべてを列挙することができないが、特に Ichiro Kawachi 氏、近藤

克則氏、Botond Köszegi 氏、Manisha Shah 氏、武者小路公秀氏、池田新介氏、奥山尚子氏、牛房義明氏、庄司匡宏氏、室岡健志氏、會田剛史氏、岡部正義氏、関麻衣氏、内尾太一氏、黒石悠介氏に感謝申し上げたい。

さらに、はじめての書籍執筆となる筆者を企画の段階から導いていただき、常に的確で丁寧なフィードバックによって、本書を一緒に作り上げてくださった、日本評論社の尾﨑大輔氏に特別の感謝をお伝えする。

なお、本研究の一部は、日本学術振興会科学研究費（5J09313、26220502、LZ003）、および日本経済研究センター研究奨励金、ニッセイ基礎研究所基礎研究費の支援によって実施された。記して深謝する。さらに、筆者の所属するニッセイ基礎研究所は、大学院修了後もこの研究を継続できるように全面的に協力くださり、すばらしい研究環境を提供してくれている。そして最後に、両親、夫のナビッドと娘の仁樹の、生活すべての面での多大なサポートに感謝している。

この場を借りて、皆さまに感謝の気持ちをお伝えしたい。
ありがとうございました。

2021 年 2 月

岩﨑　敬子

・●● 索 引 ●●・

■ 著者紹介

岩﨑 敬子（いわさき・けいこ）

ニッセイ基礎研究所保険研究部研究員。

2018年、東京大学大学院総合文化研究科博士課程修了。博士（東京大学、国際貢献）。
独立行政法人日本学術振興会特別研究員等を経て、2018年より現職。
専門は、行動経済学などの視点からの災害復興や金融・健康行動に関する実証研究。2013年より、福島県双葉町の全世帯主を対象とした「東日本大震災による被害・生活環境・復興に関するアンケート」調査を継続して実施し、原発事故とこころの健康の因果関係を分析した研究を発表している。2018年、行動経済学会奨励賞受賞。
主著：
"Social Capital as a Shield against Anxiety among Displaced Residents from Fukushima," (with Sawada, Y., Aldrich, D. P.) *Natural Hazards*, 89: 405-421, 2017.
"Verifying Reference-Dependent Utility and Loss Aversion with Fukushima Nuclear-Disaster Natural Experiment," (with Lee, M. J. and Sawada, Y.) *Journal of the Japanese and International Economies*, 52: 78-89, 2019.

ふくしまげんぱつじこ　　　　　けんこう　　　　じっしょうけいざいがく　さぐ　げんさい　ふっこう　かぎ
福島原発事故とこころの健康——実証 経済学で探る減災・復興の鍵

2021年3月15日　第1版第1刷発行

著　者　岩﨑敬子
発行所　株式会社日本評論社
　　　　〒170-8474　東京都豊島区南大塚3-12-4
　　　　電話　03-3987-8621（販売）　03-3987-8595（編集）
　　　　https://www.nippyo.co.jp/　振替　00100-3-16
印刷所　精文堂印刷株式会社
製本所　井上製本所
装　幀　図工ファイブ